어른의
문
장
력

매일 쓰는 말과 글을
센스 있게 만드는 법

김선영(글밥) 지음

더**퀘스트**

혹시 휴대폰에 카톡 알림이 아닌 전화벨이 울리면 가슴이 덜컹하는가? 통화보다는 문자 대화를 선호한다는 요즘 세대. 전화벨만 울려도 두근거리는 '콜포비아(call phobia : 통화공포증)'가 늘고 있단다. 고민 상담을 해주는 한 유튜브에 출연한 의뢰인은 "사람들이랑 직접 만나면 괜찮은데 이상하게 연락이 오면 두렵고 부담스러워요"라고 고민을 털어놨다. 영상이 업로드된 지 몇 분 지나지 않아 '좋아요' 수는 400개가 넘었고 공감 댓글이 줄줄이 달렸다.

　└ 공감! 문자나 카톡은 괜찮은데 전화는 진짜 어려움. 전화가 갑자기
　　오면 내 사적인 시간과 공간을 침해당하는 느낌. 생각할 시간도 없
　　이 즉각적으로 반응하는 것도 부담스럽다.
　└ 전화가 걸려오면 '아, 어쩌지' 받을까 말까 고민하다가 끊어지는 경
　　우가 대다수. 전화 오면 심장이 쿵쾅거린다.

└ 음식 배달 주문할 때도 심장 떨려서 힘들었는데 '배민'이 있어서 천만다행.

말이면 어떻고 문자면 어떤가, 오해 없이 소통만 잘 된다면! 문제는 그마저 서툴고 원활하지 못하다는 데 있다.

회사에 다닐 때였다. 그룹채팅방에서 웃지 못할 사건이 벌어졌다. 그 채팅방에는 60명 내외 회사 직원이 모여있었는데 모두가 알아야 할 소식을 공유하거나 입 퇴사자가 인사를 나누곤 했다. 그러던 어느 날.

> 안녕하세요, 유소라입니다.
> 제가 오늘부로 회사를 떠나게 됐습니다.
> 그동안 잘해주셔서 감사합니다.
> 그럼 안녕히 계세요.

평범하고도 무미건조한 끝인사. 하긴 흥이 나서 퇴사하는 사람이 얼마나 되겠는가. '아니, 잠깐만! 유소라라고?' 나는 소스라치게 놀랐다. 유소라 팀장은 이미 퇴사한 사람이었기 때문이다. 다시 찬찬히 채팅방 글을 확인했다. 퇴사 인사를 전한 주인공은 유소라가 아닌 마지막 연차를 쓰고 자리에 없는 이철민 대리였다.

> 저기, 성함이 틀렸… 아, 나가셨구나…
> ......

    (다른 이의 이름으로) 인사를 마친 그는 이미 채팅방을 빠져나간 상황. 평생 자신이 실수했다는 사실을 알지 못할 것이다. 마지막 인사마저 자신이 직접 쓰지 않고 3개월 전 퇴사한 팀장 글을 정성스레 찾아 '복사 붙여넣기'한 까닭은 문장 짓기가 어려워서였을까, 아니면 회사가 지긋지긋해서였을까. 부디 후자이길 바라며.

    코로나를 겪은 후 말보다 글로 의사소통하는 일이 더욱 잦아졌다. 문자(카톡), 메신저, 이메일, 블로그, SNS에 쓴 글이 내 생각과 목소리를 대신하고 있다. 그만큼 문장력이 중요해졌는데, 안타깝게도 위 상황처럼 짧은 문장조차 짓기 어려워하거나(혹은 꺼리거나) 제대로 쓰지 못하는 사람이 많다. 문장 소통에 서투르면 가족, 친구, 직장 동료 간 오해가 쌓이기 쉬워 관계가 원만하기 힘들다. 커리어를 쌓는 데에도 걸림돌이 될 것이다.

    비대면 소통이 일상이 된 지금, 매일 쓰는 말과 글을 센스 있게 만드는 법을 고민해야 한다. 정갈한 문장을 짓는 능력. 바로, '어른의 문장력'이다.

정갈한 '어른의 문장'은 다음 세 가지를 갖췄다.

1. 대화 목적

어른의 문장은 대화 목적이 있다. 장황하거나 중언부언하지 않는다. 대화 도중 딴 길로 새서 전해야 할 내용을 빠뜨리거나 오해를 불러일으키는 표현을 쓰지 않는다. 읽는 사람에게 특정 메시지를 전달하고자 문장을 짓는다.

2. 타깃

어른의 문장은 구체적인 타깃이 있다. 나 혼자 읊조리거나 불특정 다수에게 전하는 말이 아니다. 타깃의 수준과 특성을 먼저 파악한 후 그에게 가장 잘 맞는 문장을 짓는다.

3. 배려

어른의 문장에는 배려심이 있다. 배려는 발신자의 메시지(대화 목적)가 수신자(타깃)에게 온전하게 닿도록 도와준다. 메시지를 가리는 군살은 걷어내고 정확한 어휘를 고르고 또 고르는 일, 가독성을 고려한 퇴고를 거듭한다. 읽는 사람을 편하게 해주려는 노력이다.

대화 목적, 타깃, 배려 세 가지 요건을 제대로 갖춘 '어른의 문장'은 소통할 때 강력한 힘을 발휘한다. 이 책은 아침에 눈을 뜨면서부터 잠이 들 때까지 접하는 문자(카톡), 메신저, 이메일, 블로그, SNS에서 소통을 가로막는 요인을 파헤치고, 각각의 '쓰기 플랫폼'에서 최적의 문장을 짓는 방법을 이야기한다.

1장은 문장 대화를 할 때 지켜야 하는 기본 원칙을 말한다. '나는 왜 대화만 하면 자꾸 어긋나는 걸까?' 하는 사람이라면 그 원인을 파악하는 데 도움이 될 것이다.

2장은 어른의 문장을 쓰면 당신에게 어떤 점이 유익한지 설명한다. 소통하는 문장만 제대로 써도 얻는 개인적인 이점이 얼마나 많은지, 알면 깜짝 놀랄 것이다.

3장은 어른의 문장으로 대화하는 구체적인 방법을 알려 준다. 요즘 누구나 참여하는 그룹채팅·오픈채팅방 대화 노하우까지 알뜰히 담았다.

4장은 블로그, 이메일, SNS 각 특성에 어울리는 세련된 문장을 구사하는 비법이다. 호감을 얻는 댓글이라든가 악플 대처법처럼 세세한 부분도 놓치지 않았다.

마지막 5장은 어른의 문장을 쓰는 데 도움이 되는 습관을 소개한다. 문장은 결국 평소 생각이나 행실을 담을 수밖에 없다. 어른스러운 태도는 일상 속에서부터 무르익어야 한다.

이 책에 나오는 에피소드는 주로 내가 방송작가 일을 했을 때나 글쓰기 모임을 하면서 있었던 일이다. 그것을 바탕에

깔고 문장 쓰기에 도움이 될만한 노하우를 얻었다. 사연에 등장하는 이름을 밝히지 못한 친구, 글쓰기 모임원들이 너그러운 마음으로 이해해주리라 믿는다. 그들 덕분에 《어른의 문장력》이 탄생했다. '어리숙한 캐릭터'로 연거푸 등장하는 짝꿍에게도 미안함과 고마움을 전한다. 어느 날 문득, 업무 용건이 아닌 서프라이즈 응원 메일을 보내준 허윤정 편집자님이 계셔 든든했다.

나 역시 성숙한 문장을 쓰기 전까지 얼굴이 빨개지는 일을 수없이 겪었다. 부끄럽지만 가감 없이 책에 담았다. 지금보다 나아지고 싶다는 열망으로 꾸준히 노력하면 누구나 어른의 문장을 쓸 수 있다는 희망을 전하고 싶었기 때문이다.

미숙한 문장력 때문에 카톡 대화나 SNS 활동을 망설였던 사람, 본의 아니게 상대방을 불쾌하게 한 경험이 있는 사람, 문서 작성만 떠올려도 골머리가 지끈거리는 사람 손에 이 책이 꼭 닿길 바란다.

2022년, 가을 문턱에서
김선영

* 유소라, 이철민은 모두 가명입니다.

차례

1장 　　　　　 **원활한 대화를 위한 문장의 기본**

#습관들이기

2장   **강력한 힘이 되는 문장의 활용**

#습관들이기

3장　　　　　　　　　**주고받는 문장을 깔끔하게**

#습관들이기

4장   내가 쓰는 문장을 세련되게

#습관들이기

작은 뉘앙스에도 예민한 '프로 불편러'가 되라   182

5장　　어른의 문장을 위한 평소 습관

원활한 대화를 위한 문장의 기본

각자 말하는 대화 지옥 :
다름을 인정하기

"혹시 I세요, E세요?"

"오, 대담한 통솔자! 저랑 같네요."

성격유형 검사 MBTI가 한동안 유행했다. 고릿적에는 소개팅에서 혈액형 물었다면, 요즘은 MBTI가 그 역할을 대신하지 않을까. 흥미로운 점은 굳이 O형이니 B형이니, I형이니 E형이니 유형을 나누어놓고 자신과 비슷한 유형을 만나면 반가워한다는 것이다.

인간은 잘 모르는 존재를 정의하고 싶어 하는 경향이 있다. 그렇게 해야 안전하게 느끼기 때문이다. 나조차 나를 모르는데 MBTI 16가지 유형이 정리해주니 얼마나 명쾌한가. 남들에게 '나는 이런 사람이야'라고 구구절절 설명할 필요 없으니 얼마나 편리한가.

'너와 나는 다르다'라고 구분 짓는 행동 또한 인간의 본능에서 비롯됐다. 성, 인종, 지역, 학력, 정규직과 비정규직, 노키즈존 등 편을 가르면서 내가 속한 쪽이 더 우월하다고 주장한다. 그러면서 마치 확고부동한 자신의 자리를 확보한 듯 안도한다. 우리(내가 포함된 무리)와 반대편에 다른 무리가 있다는 사실은 '우리'를 더 똘똘 뭉치게 하는 근거가 되기도 한다.

그러나 우리끼리는 말하지 않아도 통한다는 생각은 착각이었음을 머지않아 깨닫는다. INFP가 100명이면 100개의 서로 다른 언어 맥락을 갖고 있기 때문이다. 본능을 뛰어넘는 불통, 오해가 시작된다.

얼마 전 맛집에 다녀온 친구에게 "그 집 반찬 종류 많아?"라고 물었더니 "응, 이것저것 다양하게 나오더라!"라고 답했다. 답변은 충분할까? 평소 반찬을 한두 개만 놓고 먹는 사람이라면 반찬 가짓수가 서너 가지만 있어도 진수성찬이라고 평가할 것이다. 반면, 칠첩반상을 기본으로 아는, 먹는 데 진심인이라면 '에계' 하겠지만 말이다. "밖에 추워?"라는 질문도 어리석기는 마찬가지다. "하나도 안 추워, 걱정하지 말고 나가." 하는 태양인 친구 말을 곧이곧대로 믿고 외투를 두고 나갔다가는 종일 승모근을 옹크리고 다녀야 할지도 모른다.

'나무'라고 하면 누구는 소나무를, 누구는 은행나무를 떠올린다. 목공소 일꾼은 다듬어진 목재를 떠올릴 것이다. 각자 경험이 사고를 장악한다. '나무라고 하면 당연히 소나무 아니야?'라고 우격다짐해봤자 소용없다. 틀린 사람은 없고 다른 사람만 있을 뿐이다. 그것을 먼저 인정하면 오해가 생겨도 네 탓이니 서로를 원망하지 않을 것이다.

심지어 똑같은 사물을 보고도 다르게 정의한다. 화단 가득 흐드러진 철쭉을 보고 나는 "분홍이 참 강렬하다"라고 감탄했다. 함께 걷던 남편은 "이건 보라색이지"라는 '말도 안 되는' 의견을 내놓았다. 처음에 나는 남편이 장난치는 줄 알았다. 누가 봐도 분홍인데 무슨 보라색이냐라는 내 말에 가슴을 주먹으로 쾅쾅 치며 답답해하는 그의 표정을 확인하기 전까지 말이다. 우리는 포털사이트에서 서로 '분홍 철쭉', '보라 철쭉'을 검색하며 의미 없는 논쟁을 10분 넘게 벌이다가 자주색 정도로 타협을 봤다. (물론 나는 여전히 분홍이라 생각한다.)

이처럼 사람마다 경험이 다르다 보니 언어에는 한계가 있다. 한 번은 온라인 글쓰기 합평을 진행할 때였다. 한 멤버가 제출한 에세이 제목은 《나만 엄마가 힘들었나요?》였다. 나는 당연히 엄마 노릇을 하는 자신의 부침을 털어놨을 것이라 예상했다. 엄마도 엄마가 처음인지라 서툴렀다, 누구 배 속에서 나왔는지 청개구리 같은 녀석들 때문에 고달프다, 하는 고충 말이다. 그런데 내용은 예상 밖이었다. 글은 친정엄마와의 사연을 담고 있었다. '다른 딸들은 엄마랑 다정하게 잘 지내는 것 같은데 나는 우리 엄마가 왜 이리 어려울까요?'를 말하고 싶었던 것이다.

　마치 '무엇으로 보이나요?'를 묻는 오리-토끼 그림처럼, 중의적으로 해석할 여지가 있는 제목이었다. 그녀는 딸이면서 엄마이기도 했으므로. 현재 아이를 키우면서 어려움을 겪는 사람이라면 '엄마 역할'이란 뜻으로 받아들이기 쉬울 것이고, 친정엄마와 관계가 원만하지 않은 사람이라면 글쓴이 의도와 같은 의미로 해석했을 것이다.

　괴테의 《젊은 베르테르의 슬픔》에는 갈등이 일어나는 이유가 술수나 악의를 써서라기보다는 오해나 태만 때문이라는 표현이 나온다. 일부러 나쁜 의도를 갖고 상대방을 속이려는 게 아니라 서로의 말을 이해하려는 노력이 부족했다는 뜻 아닐까. 오늘 일을 내일로 미루는 것만 게으름이 아니었다. 대화할 때 오해를 만들지 않으려는 애씀도 필요하다는 생각이 들었다.

　서로 오해하며 같은 말을 반복하는 도돌이표 '대화 지옥'

에서 벗어나려면 우선할 것! 언어의 한계를 인정하고 서로 다르다는 사실을 받아들인다. 그러려면 지금보다 조금 더 부지런해져야 한다. 정확하게 표현하려 애쓰고 질문을 아끼지 말아야 한다. 원활한 소통, 원만한 인간관계, 탁월한 성과는 모두 내 생각을 어른의 문장으로 정리하려는 수고에서 시작한다.

어른의 문장은,
서로 다름을 인정하고 부지런히 소통한다.

99

누구에게 말하는가 :
타깃을 분명하게

누가 시킨 일도 아닌데 물 없이 밤고구마를 삼키는 것처럼 꾸역꾸역 글을 이어나가다가 문득 정신이 아득해졌다.

'도대체 나는 누구를 위해 글을 쓰는가!'

많은 글쓰기 선생이 '자신을 위해' 글을 쓰라고 한다. 글을 쓰면서 내 속을 조용히 들여다보면 무엇이 엉켜 있고 구겨져 있는지 서서히 드러난다. 시끌시끌하던 머릿속이 차분히 가라앉는다. 상처를 덮고 다시 일어설 만큼 강력한 동기부여를 선사한다. 글쓰기는 단언컨대 치유하는 힘이 있다. '오호, 글은 나를 위해 쓰는 게 맞구나!' 고개를 끄덕인다.

하지만 혼란스러웠다. 나는 방송작가로, 글쓰기 코치로 15년 가까이 남을 위한 글을 쓰며 살았다. 온전히 나를 위해 글을 쓴 적이 있었는지 의문스러웠다. 나에게 종종 놀라운 통

찰을 안겨주는 친구 H에게 물었다.

"있잖아, 글은 나를 위해 쓰는 걸까, 남을 위해 쓰는 걸까?"

"(귀를 후비며) 남을 위해."

"(속으로 '역시!'를 외쳤지만 포커페이스로) 왜 그렇게 생각하는데?"

"나를 위하면 안 쓰고 말지, 귀찮게 왜 써."

아무래도 상대를 잘못 고른 모양이다. 가만 보자. 일기를 뺀 나머지 글은 모두 남 읽으라고 쓰는 글 아닌가. 글을 쓴다는 건 머릿속에 순서 없이 떠도는 단어를 나만의 뜰채로 낚아 모니터 화면에 정성스레 배열하는 일이다. 그 힘겨운 일을 애써 하는 이유는 내 생각을 남에게 보여주려고, '당신도 그렇지 않냐' 하며 동의를 구하려고, 공감을 얻으려고, 감동을 전하려고, 마음을 움직이려고… 가 아니었던가!

글은 '나를 위해 쓰는 것'이라고 말하는 사람의 선량한 의도를 의심하는 건 아니다. 다만 그렇게 주장하면서 내 글은 왜 '남들이 안 읽어주지?' '의도와 다르게 읽히는 거지?' '인기가 없을까?' 하는 투덜거림은 이치에 맞지 않는다. 내 글이 타인과 자꾸 엇갈리는 까닭이 있다. 타깃이 없는 글은 공허하고 불친절하다. 혼자서 읊조리는 글과 구체적인 상대를 떠올리면서 말을 건네는 글은 다를 수밖에 없다.

타깃이 있는, 남을 위한 글을 쓰면 어른의 문장이 나온다.

글을 쓰기 전에 글을 읽는 사람이 누구일까를 먼저 떠올린다. 사람은 누구나 자기중심적인지라 자신이 20대라면 20대를, 50대라면 50대를, 보통 또래를 떠올리기 쉽다. 그렇다고 늘 또래에게 전하는 글만 쓰지는 않을 것이다. 광고주라면 고객의 소구점을 고려해서 쓴다. 초등학교 선생님이라면 아이들이 이해할 만한 어휘 수준으로 쓴다. 여러 지역과 세대가 섞여있는 동아리 그룹 채팅방이라면 특정 세대만 아는 은어나 유행어는 자제하고 다수를 아우르는 용어로 문장을 쓴다. 타깃의 성별에 따라, 연령층에 따라, 교육 수준에 따라 다르게 글을 쓴다.

타깃은 뾰족할수록 신통하다. 레깅스 한 벌에 십만 원이 넘는 명품 요가복 브랜드 '룰루레몬', 그들의 타깃은 오직 한 명이라고 한다. 판매 대상을 20~30대 여성으로 잡지 않고 '슈퍼걸'이라는 구체적인 페르소나를 만들어낸 것이다. 그녀의 나이는 서른둘. 여행과 운동을 즐기며 패션에 민감한 고소득 전문직 여성이다. 룰루레몬의 창업자인 칩 윌슨은 서른한 살이나 서른셋은 신경 쓰지 않고 '슈퍼걸' 한 사람만 생각했다고 말한다. 마케팅은 적중했다. 연매출 62억 달러(2021년 기준)을 넘기며 스포츠웨어의 신흥강자로 자리잡았다.

남을 위하는, 타깃이 있는 문장은 다음과 같은 특징이 있다.

첫째, 친절하다. 지식의 저주를 경계한다. '나는 알아도 상대방은 모를 수 있다'는 사실을 항상 전제하고 글을 쓴다. 전문적인 내용이나 어려운 용어, 혹은 특정 세대만 알 만한 내용이 글에 포함되면 반드시 괄호나 각주 등을 달아 세부 설명을 곁들인다. 용어뿐만 아니라 맥락에서도 마찬가지다. 앞뒤 이야기를 건너뛰고 의식의 흐름대로 글을 시작하면 상대에게 온전히 이해받기 어렵다는 사실을 인지하고 있다. 실시간 채팅으로 문장을 주고받는 중이라면 상대가 올바르게 이해했는지 중간중간 확인하는 질문을 한다.

둘째, 책임을 지려고 한다. 의사 전달이 제대로 안 되거나 상대가 뜻을 이해하지 못하면, 상대의 모자란 이해력을 탓하기보다는 표현을 정확하게 쓰지 못한 자신을 되돌아본다. 의사소통을 가로막은 방해물의 정체가 무엇인지 끝까지 알아내려 하고 이를 제거하고자 노력한다. 같은 불통을 되풀이하지 않도록 기억 깊숙이 새겨둔다.

소통이 자주 어긋나는가? 글로써 이해받고 공감을 얻고 싶은가? 나 말고 남을 위한 글을 써보는 게 어떨까. 남을 생각하며 글 쓰는 일은 생각처럼 간단하지 않다. 유체이탈 하듯 내가 쓴 글을 제삼자 시선으로 재검토해야 하기 때문이다. 마치 사명감으로 일하는 서비스업 종사자처럼 우리 독자님께서 행여 불편한 점은 없는지 계속해서 살펴야 한다. 쓰다가 '아이고 못해먹겠네!'하는 성질이 몇 번씩이나 울컥 올라올 것이다. 그동안 내가 쓴 이기적인 글을 헤아리고자 노력했던 수많은 사람도 그랬겠거니, 하고 은혜를 베풀 차례다.

어른의 문장은,   99
구체적인 타깃을 정하고 쓴다.

나는 유감이 유감스럽다 :
어휘력이 필요한 이유

'깨똑!'

업무 파트너에게서 메시지가 도착했다. 메시지 내용을 읽는 나의 동공이 빠르게 흔들렸다.

대본 좀 꼼꼼하게 정리해주세요. 제발.

마치 몇 번을 말해도 말귀를 못 알아먹는 한심한 인간이 된 듯한 기분이 들었다. 앞뒤 맥락이 없는 메시지에, 길을 가다가 뺨을 한 대 맞은 것처럼 황당했다. 몇 년이나 지난 일인데도 선명하게 기억하는 걸 보니 적잖이 충격을 받았던 모양이다.

그는 나의 상사도 아니었을뿐더러, 10년 넘게 일하면서 만났던 수많은 업무 파트너 중에 손에 꼽을 정도로 일머리가 없는 사람이었다. 나야말로 어디서부터 손대야 할지 난감한 그의 결과물에 그동안 속을 부글부글 끓여왔던 터.

나더러 무엇이 문제인지 맞혀보라는 듯한 텅 빈 요청, 마지막에 꼬리처럼 붙은 '제발'이라는 단어는 싸우자는 뜻으로 느껴졌다. 그전에도 여러 번에 걸쳐 나에게 충고한 듯한 뉘앙스를 풍겼지만 생전 처음 듣는 말이었다. 침착하게 답장을 써 보냈다.

> 정확히 대본 어느 부분을 말씀하시는 거죠? 그리고 '제발'이라는 단어는 보통 여러 번 말해도 고쳐지지 않을 때 쓰는 말 아닌가요. 제가 다짜고짜 '촬영 좀 제대로 하세요 제발'이라고 문자를 보내면 기분이 어떨까요?

몇 분 후 다시 답장이 왔다. 그는 나쁜 의도는 아니었다고 변명했지만, 나의 화만 더 돋웠을 뿐이다.

> 제가 지금 이동 중이라 문자를 길게 보내지 못해 기분이 상하셨다면 유감입니다.
> 저는 그런 뜻이 아니라~ (이하 생략)

유감이라니. 지금 유감스러워야 할 사람은 누구인가! 보통 잘못했을 때는 미안하거나 죄송하다고 하지, 유감이라는 말은 상대방 때문에 본인 기분이 언짢을 때 쓰는 말 아닌가. 내가 잘못 알고 있는 건가 싶어서 국어사전을 찾아봤다.

> 유감 : 마음에 차지 아니하여 섭섭하거나 불만스럽게 남아
> 있는 느낌.
> 미안 : 남에게 대하여 마음이 편치 못하고 부끄러움.

평소 그와 업무 때문에 카톡을 할 때마다 얼굴이 달아오르는 일이 많았다. 같은 말을 해도 어쩜 그렇게 거슬리게 표현하는지 신기했다. 그렇다고 그가 성격이 아주 못되거나 배려가 없는 사람은 또 아니었다. 업무 미팅 차 가끔 얼굴을 봐야 했는데 약간 자조적인 말투를 쓰긴 했지만 사회생활을 못 할 정도로 예의 없는 사람이 아니었다.

그런데 유독 카톡이나 이메일이 오갈 때만큼은 안하무인이었다. 그 이유를 나중에서야 깨달았는데 그는 '어휘력'이 부족했던 것이다.

'아 다르고 어 다르다'라는 말이 괜히 있는 것이 아니다. 우리말은 어휘가 풍부한 만큼 미묘한 어감 차이를 잘 구별해 상황에 맞는 정확한 단어를 골라서 써야 한다. 영어로 I'm sorry라고 쓰면 읽는(듣는) 사람은 맥락에 따라 '미안하다' '유감스럽다'라는 의미 중 선택해 받아들이겠지만 우리말에서는 미안하다, 유감스럽다를 혼용하면 그야말로 유감스러워진다.

어휘력이 뛰어나다는 뜻은 사전적 풀이를 아는 단어가 많다는 의미만은 아니다. 사회적 맥락에서 단어가 어떻게 쓰이고 있는지를 꿰고 있으며 적절하게 활용할 줄 안다는 뜻이다.

어휘력이 부족하면 '어디서 들어본 말' '조금 더 있어 보이는 말' 위주로 부정확한 단어를 고르게 된다. 간혹 잘못을 저지른 정치인이나 연예인이 대중 앞에 사과할 때 '유감스럽다'라는 말을 의도적으로 쓸 때가 있다. 이 경우에는 어휘력이 부족하기보다는 책임을 회피하려는 교활한 의도가 숨어 있을 것이다. 툭하면 자막 표기를 틀리던, 어휘력이 부실했던 그 PD가 그런 행동을 보고 배운 것은 아니리라 믿는다.

의도적으로 부정적인 어휘를 쓰는 것이 아니라, 어휘력이 달려서 내가 전하고 싶은 뜻을 제대로 전달하지 못하고 심지어 의도치 않게 상대방을 불쾌하게 한다면 자신에게도 억울한 일이다. 특히 소통이 중요한 비즈니스 관계에서는 될 일도 어그러뜨릴 수 있다. 자신의 커리어에도 안 좋은 영향을 미친다.

코로나19 사태 이후 말보다 텍스트로 소통하는 일이 잦아지면서 어휘력과 문장력이 더욱 중요해졌다. 문장에는 말하는 사람의 표정이 안 보이니 장난을 치는 건지, 진지하게 말하는 건지 헷갈릴 때도 있다. 억양이라도 들으면 힌트가 될 텐데 그마저도 어렵다. 고작 문장 몇 줄이 그 사람과 메시지를 판단하는 준거가 되어버리는 것이다.

누구나 '내 뜻은 그게 아닌데' 억울할 때가 있다. 하지만 상대방에게 오해를 사거나 억울한 일이 거푸 생긴다면 내 어휘력부터 점검해봐야 할지도 모른다. 조금이라도 유식해 보이려고, 혹은 알량한 자존심을 챙기려고 꼼수를 부려봤자 부족한 어휘력만 들통날 뿐이다.

어른의 문장은,
풍부한 어휘력이 뒷받침한다.
99

그래서 말하고 싶은 내용이? :
메시지 챙기기

어느 날, 인스타그램을 열었는데 '안 읽음' 표시가 돼 있는 개인 메시지 하나가 눈에 띄었다. 다음과 같이 긴 글이 나를 기다리고 있었다.

안녕하세요 저희는 ○○○에서 책쓰기 클래스 플랫폼을 기획하고 있는 팀입니다. 현재 초기 서비스 기획이 완료되어 '서비스 소개 페이지'를 통한 고객 반응을 살펴보는 단계에 있습니다.

저희 플랫폼 이용자는 크게 두 부류로 수강생과 코칭작가입니다. 수강생 고객에 설문 조사를 마쳤으며 총 200명 중 72% 고객이 플랫폼 론칭 시 사용 의사를 보여주셨습니다.

코칭작가님들에 대해서는 조사가 필요한 상황인데요. 정말 바쁘시겠지만 30분 정도 인터뷰가 가능하실지 궁금합니다. 인터뷰는 대면이 좋으며 어려우시면 비대면으로 진행하는 것도 좋습니다.

저희 팀은 누구나 책을 쉽게 낼 수 있는 플랫폼을 목표로 간절한 마음을 가지고 임하고 있습니다. 바쁘시겠지만 시간을 내어주신다면 감사하겠습니다.

내용을 보니 글쓰기 강사나 코치들에게 같은 내용을 '복사 + 붙여넣기' 하여 뿌린 모양이었다. 공손한 어투, 자신이 소속한 업체와 친절한 업무 설명, 구체적인 통계까지. 얼핏 봐서는 나무랄 데 없는 요청문처럼 보인다.

하지만 나는 이 메시지를 받고 어리둥절했다. 우선 보낸 사람과 받는 사람 이름이 쓰여 있지 않았다. '내가 뭐 하는 사람인지는 파악한 후 보낸 걸까?' 하는 의구심이 들었다. 그저 '#글쓰기코치'를 검색해서 나온 모든 사람에게 메시지를 뿌린 게 아닐까. 메시지를 보낸 사람의 계정을 눌러보니 본인 얼굴 사진 한 장 없는 비공개 계정이었다. 어느 회사 소속이라고 말했지만 정작 이름을 밝히지 않아 신뢰하기 어려웠다. 유익한 플랫폼을 만들겠다는 절박한 심정은 알겠다. (윗선에서 수요조사를 하라는 지시받은 것도 알겠다) 문제는 '무슨' 인터뷰를 하겠다는 것인지 가늠하기가 어려웠다. 도와주고 싶어도 무엇을 도와주어야 하는지 알아야 도와줄 것 아닌가.

'당신도 우리 플랫폼을 사용하고 싶은지' 묻고 싶었던 걸까? 그렇다면 어떤 플랫폼인지 샘플을 보여주어야 했다. 해당 플랫폼에서 코칭 작가로 활동할 의향이 있는지 묻고 싶었던 걸까? 하지만 위 내용만으로는 코칭 작가가 구체적으로 어떤 활동을 하는지 추측하기 어렵다. 인터뷰 날짜는 언제쯤이며 대면까지 하는 인터뷰라면 장소는 어디인가, 인터뷰비는 지급하는가?

인터뷰 의사가 있다는 답장을 보낸 사람에게만 세세한 내용을 설명하려고 했다면 오산이다. 상대방에게 반응을 원한다면 먼저 구체적인 내용을 내밀면서 접근해야 한다. 즉, '메시지'가 빠져 있는 글이었다. 아무리 친절하고 예의를 갖추어도 정작 전하고자 하는 알맹이를 빼놓으면 헛수고가 되어버린다. 나는 구체적인 사항을 챙겨서 알려달라고 답장을 했고, 그는 또다시 일해야 했다. 한 번에 끝낼 일을 다시 하게 된 것이다. 아마 담당자는 같은 메시지를 받은 또 다른 글쓰기 코치들에게 구체적인 내용을 다시 보내는 일을 '복붙'하지 않았을까.

'모든' 대화와 글에 메시지가 담겨 있어야 한다는 뜻은 아니다. 친분을 쌓으려고 나누는 수다, 미학적 즐거움을 누리고

미지의 세계를 헤매려고 읽는 문학작품에 반드시 명확한 메시지가 필요하다고는 생각하지 않는다. 다만, 성과라는 목적이 있는 문장은 반드시 구체적인 메시지를 품고 있어야 한다.

구체적인 메시지가 있는 요청문으로 바꿔볼까?

안녕하세요 **글밥님.** 저는 ○○○에서 책쓰기 클래스 플랫폼을 기획하고 있는 팀 **담당자 김홍보입니다.** 현재 플랫폼 초기 서비스 기획이 완료되어 '서비스 소개 페이지'를 통한 고객 반응을 살펴보는 단계에 있습니다.

저희 플랫폼 이용자는 크게 두 부류로 수강생과 코칭작가입니다. 수강생 고객에 설문조사를 마쳤으며 총 200명 중 72% 고객이 플랫폼 론칭시 사용의사를 보여주셨습니다.

코칭 작가님들 사용 의사와 의견을 조사 중인데요. 바쁘시겠지만 30분 정도 인터뷰 가능하실까요? 인터뷰는 대면과 비대면 중 편하신 방법으로 선택하시면 됩니다.

1. **인터뷰 내용**
- 글쓰기 코칭하면서 느낀 점과 노하우 (모객, 홍보방법, 수강생 만족도, 어려움 등)

- 저희 플랫폼 간단히 체험 후 피드백

2. 인터뷰 방법

1) 대면 인터뷰 시

- 날짜: 22년 3월 평일 중 편하신 날짜(11:00~18:00 사이 30분)

- 장소: 2호선 강남역 근처 사무실(장소는 협의 가능)

- 페이: 5만 원(교통비 별도)

2) 비대면 시

- 날짜 동일, 온라인플랫폼 ZOOM이용

- 도서문화상품권 2만 원권

저희 팀은 누구나 책을 쉽게 낼 수 있는 플랫폼을 목표로 간절한 마음을 가지고 임하고 있습니다. 바쁘시겠지만 시간을 내어주신다면 감사하겠습니다.

더 궁금한 내용은 언제든 연락주세요.

담당자 김홍보 드림

010-7788-4545

받는 사람은 이 글만 읽고 인터뷰에 응할지 거절할지 빠르게 판단할 수 있다. 보낸 사람 역시 두 번 일하는 수고를 던다.

수백 통이 아니라면 단체 문자나 메일을 보낼 때도 '○○ 님, 안녕하세요'라고 수신인 이름을 넣는 게 좋다. 보내는 사람은 '한 사람만 걸려라'라는 의도일지 모르겠지만, 그럴수록 최소한의 성의가 중요하다. 스팸메일처럼 보낸 메일에 긍정적인 답변을 할 사람은 많지 않을 것이다.

전해야 할 메시지가 하나 이상이라면 중요도에 따라 순서를 배치하면 좋다. 심리학 개념에 '초두효과'와 '최근효과'라는 것이 있다. 뇌가 처리할 수 있는 정보는 한정적이므로 여러 개 단어나 정보를 접하면 보통 중간보다는 가장 처음과 마지막에 제시된 내용을 더 잘 기억한다는 뜻이다. 전달해야 할 내용이 길고 복잡하다면 첫 문장과 끝 문장에 가장 중요한 내용을 두거나 반복하는 서술 법도 기억해두자.

**어른의 문장은,
전하고자 하는 구체적인 메시지가 있다.** 99

내가 놓친 무언가가 있다 :
앞뒤 맥락 살피기

내가 3년 넘게 빠져 있는 취미가 있다. 매일 밤 자기 전, 책 한 구절을 필사하는 것이다. 여행 갈 때도 읽을 책과 필사 노트부터 챙길 정도로 지극하다. 필사는 나에게 습관이요, 휴식이요, 하루 마침표를 찍는 의식과도 같다. 주로 오늘 읽은 책에서 심금을 울렸던 내용을 필사하는데 짧으면 두 세줄, 길면 한 단락 정도 질 좋은 종이에 만년필로 끼적인다. 필사한 내용은 스마트폰으로 사진을 찍어 나의 #필사스타그램에 차곡차곡 올려두고 있다. 내가 꼽은 문장을 많은 이들과 공유하는 자체도 즐겁지만 '좋아요'와 '댓글', '저장' 반응으로 사람들이 선호하는 문장을 알아보는 재미도 쏠쏠하다.

좋은 습관은 알게 모르게 전파된다. 글쓰기 모임 회원들이 내가 하는 필사에 관심을 보이기 시작했다. 잘 됐다. 나는 책에서 가려낸 글귀를 그룹 채팅방에 공유하고 그것을 따라서 쓰는 필사 모임을 만들었다.

보통 같은 책으로 길어도 3일 정도 필사했는데(세상엔 훌륭한 책이 너무나 많으므로!) 《감옥으로부터의 사색》은 한 달 동안 진행해도 좋겠다는 판단이 들었다. 많은 이들이 존경하는 인물로 꼽는 신영복 선생님의 첫 책으로, 통일혁명당 사건에 연루되어 20년간 징역살이하면서 가족들에게 쓴 편지를 묶어 냈다. 나는 그 책을 아껴 읽었다. 아름다운 표현에 자주 멈추고 저자의 번뜩이는 통찰에 감탄했다. 한 달이면 필사할 내용이 30개, 옥석 같은 문장들 속에서 추려내기가 쉽지 않았다. 그중 내 가슴을 툭 건드렸던 문장을 소개한다.

> 그동안 바른 손 중지의 펜에 눌려 생긴 굳은살이 사라지고 이제는 구두칼을 쓰느라 엄지 끝에 제법 단단한 못자리가 잡혀가고 있습니다. 이것은 일견 손가락 끝의 작은 변화에 불과하지만 이것이 갖는 의미는 매우 크고 흐뭇한 것이 아닐 수 없습니다.
>
> — 신영복, 《감옥으로부터의 사색》, p.88

징역살이 중 구두 만드는 노역을 하면서 느낀 소회를 풀어낸 글이다. 펜을 쥔 지식인으로 살다가 육체노동을 하면서 느끼는 오묘한 감정을 굳은살 위치가 바뀐 점에 절묘하게 비유했다. 구두는 구두가 필요한 사람 발에 신겨졌을 것이다. 비록 몸은 묶인 신세지만, '나도 누군가에게 도움이 되는 사람이다'라는 자의식은 기쁨이고 보람이었을 터. 나는 이 문장을 필사 모임 그룹 채팅방에 올렸다.

내가 좋아하는 글귀를 공유하고 함께 베껴 쓰는 일이 정성스럽게 지은 집밥을 나누어 먹는 것처럼 따뜻하고 든든했다. 회원들도 필사하고 나면 사진을 찍어서 SNS에 올렸는데, 사진만 올려도 되지만 문장을 보고 느낀 소감도 짧게 덧붙여서 올리곤 했다. 나는 회원들이 올린 게시물을 읽고 댓글을 달던 중 의외의 소감문을 하나 발견했다.

흐뭇했다고? 마지막 문장 잘못 읽은 줄 알고 계속 읽어봤다.

굳은살이 생긴 게 왜 흐뭇하다는 것인지 이해되지 않는 모양이었다. 이토록 고귀한 문장에 공감하지 못하다니! 나는 얼른 그를 설득시켜야 한다는 이상한 의무감(?)을 느꼈다. '흐뭇한 게 이상하나요?'라는 나의 댓글에는 '감옥에서 손에 굳은살이 생길 정도로 일한 게 흐뭇할 일인가 싶어서요'라는 대댓글이 달렸다.

굳은살이란 숙련의 흔적이며 감옥에 갇힌 처지지만 노동(생산)하는 일원으로서 작은 성취가 징역살이에 위안이 되지 않겠느냐, 라며 나는 마치 내가 신영복 선생님의 대변인이라도 되는 듯 집요하게 다시 댓글을 달았다. 그리고 그가 다시 단 댓글은?

글밥 님은 감옥에 다녀온 것도 아닌데 어떻게 그렇게 감정이입을 하세요? ㅎㅎㅎ

짓궂은 농담에 나는 결국 두 손 들고 말았다!

'그러게, 나는 감옥에 다녀온 것도 아닌데 어떻게 공감하는 거지?' 곰곰이 생각해봤다. 그러고 보니 나는 회원들과 입장이 달랐다. 나는 책을 처음부터 끝까지 읽었지만 그들은 아니었던 것이다. 책을 구해서 읽는 사람도 있었지만 대부분 내가 발췌한 문장만 필사하고 있었다. 모임 자체가 좋은 문장을 가려서 가볍게 써보자는 것이었으므로 자연스러운 일이었지만 내가 그 차이를 간과했다. 나는 책에서 신영복 선생님이 20년 동안 어떤 생활과 사색을 했는지 감정선에 따라 쭉 지켜보았다. 한 마디로 '배경지식'이 있었다. 단 몇 줄 글만 읽고 공감하지 못하는 건 어쩌면 당연한 일이었다.

물론 앞뒤 맥락이 없어도 이해되는 글도 있다. 하지만 행간이 깊은 글은 대개 그렇지 않다. 술술 읽히지 않고 멈추어 곱씹게 하며 깨달음을 주는 글은 기필코 맥락이 중요하다. 몇 문장만 읽고서는 그 뜻을 온전히 헤아리기 힘들다. 한 사람의 인생에서 아주 작은 사건을 하나 보여주고 그것에 공감해보

라는 나의 시도는 오만에 가까웠다. 감동은 서사와 맥락 안에
존재했다.

맥락이 지닌 영향력을 크게 깨달았던 또 다른 일화가 있
다. 알고리즘이 추천한 유튜브 영상을 보는데 아카데미 작품
상을 탄 영화 〈노매드 랜드〉를 소개하고 있었다. 영화의 시대
배경은 2008년 미국 금융위기로 많은 사람이 떠돌이 삶을 살
게 됐을 때이다. 의아한 점은, 다양한 인종이 존재하는 미국이
배경인데 흑인은 한 명만 출연한다는 것이다. 떠돌아다니는
'노마드 생활'은 차별받고 살림이 궁핍했던 흑인이 더 많이 했
을 거 같은데 말이다. 화이트워싱(미국 할리우드에서 무조건 백
인 배우를 캐스팅하는 행태를 일컫는 말)이 아닐까 하는 의심마
저 들었다.

유튜버는 그 뒤에 숨은 맥락을 풀어줬고 비로소 이해됐
다. 흑인은 차를 타고 떠돌아다니는 노마드 생활 자체가 불가
능하다는 것이다. 이유인즉슨, 차에서 먹고 자고 해야 하는데
단지 흑인이라는 이유로 경찰이 수시로 불심검문을 한단다.
흑인은 후드티를 뒤집어쓰고만 있어도 범죄자로 의심을 받았
던 뼈아픈 배경이 깔려 있었다. 그야말로 떠돌이 생활도 '아무
나' 못 한다는 것이다. 이런 배경을 알고 나니 영화가 한층 더
사실적이고 입체적으로 느껴졌다.

나는 화분을 여럿 키우는데 살랑이는 봄바람이 불어오면
'나비란' 분갈이를 할 때가 됐다는 뜻이다. 작고 앙증맞은 꽃

을 피우는 나비란을 분갈이 할 때마다 매년 하는 일인데도 나는 깜짝 놀랐다. 조심스레 몸체를 쥐고 살살살 흔들며 위로 끌어당기자 화분 속 흙을 빈틈없이 메운 뿌리가 머핀 틀에서 머핀이 빠지듯 화분 모양 그대로 딸려 나왔다. 화분이 비좁아서 엉키다 못해 엉겨 붙은 뿌리는 내 눈에만 보이지 않았을 뿐 분명히 존재했다.

빙산의 일각처럼 수면 밑으로 보이지 않는 수많은 맥락이 그려졌다. 오늘도 내 머릿속을 오고 갔던 수많은 문장 속에는 내가 모르는 뿌리가 엉겨 있을지 모를 일이다. 어른의 문장은 어쩌면 '지레짐작'의 반대말 아닐까 하는 생각을 해본다.

어른의 문장은, 🙸
보이지 않는 수많은 맥락을 품고 있다.

대화 나르시시즘의 독 :
말 끊는 습관 없애기

나이가 들고 다들 제짝을 만나 결혼하면서 동네 친구들은 뿔뿔이 흩어졌다. 사는 지역이 멀어져 예전 같으면 술 한잔하면서 나누던 고민을 카톡 메시지로 대신하게 됐다. 최근 들어 특별한 이벤트가 없던 나는 주로 고민을 듣는 입장이었는데 곰곰이 생각해보면 진짜로 '듣는 사람'이었는지 반성하게된다.

친구는 가족에게 터놓기 어려운 이야기를 내게 했다. 가령, 후임들 앞에서 상사에게 무시를 당했다거나, 자신이 힘들게 일한 공을 누군가 가로챘거나 하는 억울하고 속상한 사정 같은 것들이다. 그런 카톡을 읽을 때면 내 억장이 무너졌다. 가족들에게 털어놓으면 누구보다 가슴 아파할 테니 내게 이야기하는 것이 나았다. 물론, 나였다면 남편 귀에서 피가 나도

록 열변을 토했겠지만, 친구는 나와 달리 속이 깊었다.

처음에는 문제를 해결해주려고 두 팔을 걷어붙였다. 친구가 어느 정도 카톡으로 사연을 풀어놓으면 나는 마치 농구 코치라도 되는 듯 '만약 다음에 또 그런 상황이 생기면 이런 식으로 이야기해봐' '퇴사나 이직을 하는 건 어떨까? 그게 어려우면 잠깐 휴직은?' 이런저런 해결책을 제시하면서 친구가 고통 속에서 하루빨리 벗어나길 진심으로 바랐다. 하지만 나의 정성스러운 조언은 별로 도움이 되지 않았던 모양, 친구의 반응은 뜨뜻미지근했다. '그래야 하는데…' 글자에서 기운 없는 목소리가 들리는 듯했다.

다음에는 화를 냈다. '그 사람들 제정신이야? 어떻게 그런 행동을 해?' '너는 그걸 가만히 듣고 만 있었다고?' 마치 내가 당한 일인양 친구보다 더 흥분하여 속사포처럼 카톡을 퍼부었다. 친구는 당황했다. '아, 나도 잘못한 부분이 있겠지…' 그는 분노의 카톡을 쏘아대는 나를 겨우 달래고는(?) 황급히 대화를 마무리했다.

몇 번의 시행착오 끝에 가장 좋은 방법을 찾았다. 친구의 이야기가 끝날 때까지 기다린 후 친구의 심정을 헤아려서 그것을 넌지시 짚어주는 것이었다. '네 일도 아닌데 주말에 쉬지도 못하고 얼마나 힘들었겠어. 당연히 속상할 만하지. 고생 많았어.' 그저 친구 입장이 되어 상황을 읊었을 뿐인데 갑자기 친구는 기운을 차렸다. '너랑 대화하니까 아까보다 마음이 많이 편해졌어, 고마워!' 나는 안도의 한숨을 쉬며 휴대폰을 내려놓았다.

치열하게 해결 방안을 고민할 필요도, 뒷골 아프게 혈압을 올릴 이유도 없었다. 그 순간 친구는 깊은 공감이 갈급했다. 그저 '지금 당신 마음이 이러하겠군요.' 알아봐 주면 되는 일이었다. 굉장히 간단해 보이지만 막상 시도해보면 쉽지 않다. 누구나 대화에서 주인공이 되고 싶은 욕구가 있기 때문이다. 자꾸만 '이렇게 하는 건 어때' '그건 아닌 거 같은데', 충고하고 평가하고 싶은 감정이 올라온다. 그런 연유로 그룹 채팅방에서 갈 곳 잃은 문장이 허공에 떠다니는 풍경을 목격하기도 한다.

A : 나 어제 회사에서 어떤 일이 있었냐면~

B : 어 진짜? 나도 그런 적 있었는데, 예전에 다니던 회사에서 말야~

A : 그런데 내가 아까 말했던 그분이~

B : 와 진짜 이상한 사람이네. 나는 그런 사람 만나면 말야~

C : 야, 그건 약과야. 우리 팀장님은~

상대의 말이 끝나기가 무섭게 가로채서 자기가 하고 싶

은 말만 한다. 이것을 과연 대화라 부를 수 있을지 의문이다. 미국의 사회학자 찰스 더버Charles Derber는 이처럼 대화 주도권을 자신에게 돌려놓으려는 욕망을 '대화 나르시시즘'이라 표현했다. 재밌는 점은 상대방의 대화 나르시시즘 의도는 빤히 보이지만 내가 저지르고 있다는 사실은 쉽게 깨닫기가 힘들다는 것이다. 마치 남이 하면 불륜, 내가 하면 로맨스와 같은 원리랄까.

　나 역시 대화 나르시시즘에 쉽게 빠지는 사람임을 부인 못 하겠다. '요즘 따라 밤에 잠을 통 못 자'라는 친구의 메시지에 '무슨 걱정이 있어?'라는 말보다 '어? 나도 그런데!'라는 말이 먼저 튀어나온다. 비슷한 상황과 사람을 만났다는 반가움, 너와 나의 공통점을 강조하며 친구에게 호감을 얻고자 하는 동기도 있었지만, 곰곰이 따지고 보면 대화 주도권을 잡고 싶었던 것 같다. 즉, 내 이야기를 하고 싶었던 것이다.

　'한줄평'의 대가 이동진 평론가는 〈유 퀴즈 온 더 블록〉에서 유재석을 '온 세상을 담아내는 바르고 유쾌한 귀'라고 정의했다. 국민 MC 유재석이라 하면 막힘 없고 재치 넘치는 입담이 먼저 떠오르는데 그 비결이 '경청'이라는 사실을 이동진은 꿰뚫고 있었다. 그 역시 달변가이자 경청가이기 때문 아닐까.

　어른의 문장을 구사하는데도 경청, 아니 경독傾讀이 필요하다. 상대의 마음에 먼저 몸을 기울이는 것이다. 서로에게 유익하고 훈훈한 대화가 되려면 일단 상대방부터 헤아리는 연습을 해야 한다. 아무리 내 말이 하고 싶어서 손가락이 근질근질해도 참는 훈련이 필요하다. 쉽지 않은 일이다. 그나마 다행인 것은 말은 불쑥 튀어나오지만, 글은 한 번 더 생각하고 지울 수 있다는 점이다.

어른의 문장은,
먼저 상대방을 경청해야 나온다. **"**

선을 넘는 그들에게 :
온라인 문장 예절

글쓰기 모임을 이끌다 보니 종종 상담 요청이 메시지로 들어온다. 대부분 글을 쓰면서 느낀 고민과 고충의 하소연이다. 오랫동안 글쓰기 모임이나 독서 모임에서 교류한 사람이 대부분이지만 때로는 몇 마디 나눠보지 않은 낯선 이가 불쑥 질문을 건넬 때가 있다.

글밥님, 최근에 제가 블로그에 쓴 글이 조회수가 빵터졌는데 구독자나 댓글은 안 늘더라고요. 그동안 쓴 글이 너무 별로인가 싶어서 전부 수정을 하려는데, 그러지 말고 아예 처음부터 다시 쓰는 게 나을까요? 수정하면 지금까지의 누적 조회수가 다 사라지나요? 메인 노출이 잘 안 된다는 말도 있던데 정말 그런가요?

풋낯인 그에게서 1년 만에 온 메시지였다. 오랜만에 서로 안부를 나눈 후 궁금한 것을 물어도 됐을 텐데 누구에게 쫓기듯 장문을 한 번에 쏟아냈다. 피차 불필요한 대화는 생략하고 본론으로 들어가자는 것일까. 마치 나를 대답 자판기, 혹은 네이버 검색창으로 여기는 듯한 기분이 들어 속상했다. 나는 블로그 상위노출 전문가는 더더욱 아니다. 글보다는 숫자에 더 집착하는 듯한 모습이 안타깝기도 했다.

생판 모르는 사람에게 문자를 받았다는 P작가의 경험담은 더욱 충격이었다. P작가 블로그 이웃의 이웃이라고 자신을 밝힌 이는 P를 아는 지인에게 연락처를 물어봤다고 했단다.

> P작가님 최근에 책 출간하셨더라고요. 축하드립니다.

> 감사합니다. ^^

> 요즘 북토크도 하고 바쁘시겠어요!

> 아 코로나 영향도 있고 꼭 그렇지도 않아요. ㅎㅎ

> 혹시 유튜브 하세요?

> 아뇨, 집필에만 집중하고 있어요.

브런치에만 쓰세요? 블로그는 따로 안 하시고요?

얼굴도 모르는 사람이 일상생활을 꼬치꼬치 캐물어 당황스러웠다는 P작가. 인터넷에 검색만 하면 쉽게 나오는 정보인데 굳이 자신에게 묻는 의도를 모르겠다고 했다. 하지만 작가는 관심을 보이는 독자를 무시하기 어려워 대화를 이어갔다는데.

블로그도 하는데요. 무슨 일 때문에 그러세요?

그냥 궁금해서요. 블로그 주소 좀 알려주세요.

P는 친절하게 블로그 주소를 전달해줬다. 다음 날, 마감에 닥쳐 원고를 쓰고 있던 P작가에게 그의 문자가 또다시 도착했다.

P작가님은 어떤 영화를 좋아하세요?

두루두루 좋아하는데요.

좋아하는 감독 추천해주실 수 있나요? ㅋㅋㅋㅋㅋㅋㅋㅋ

P는 날숨을 한번 크게 쉬고는 메시지창을 닫았다고 한다. 아무리 나쁜 의도가 없고 자신에게 호감이 있는 사람이라도 기분 상해가면서까지 대답하고 싶지 않았다며 인상을 찌푸렸다. P작가의 불쾌함은 타당했다. 이름 모를 그는 순수하게 P의 취향이 궁금했던 걸까, 아니면 그저 친해지고 싶었던 것일까.

내가 아는 P작가는 낯선 사람을 불편해하거나 낯을 가리는 타입이 아니다. 오히려 처음 본 사람과도 곧잘 대화하며, 심지어 어색한 공기가 감돌면 먼저 다가가서 이런저런 화두를 꺼내는 친구이다. 하지만 그것도 서로 얼굴을 보고 있을 때 이야기 아닐까.

현실 세계는 공간이라는 맥락이 둘 사이에 존재한다. 가령, 두 사람이 버스 정류장에서 처음 만난 사이라면 '우리는 버스를 기다리고 있는 사람들'이라는 공통점이 생긴다. 심지어 기다리는 버스가 같은 번호일지도 모르며, 오늘따라 날씨가 매서워 버스가 빨리 오길 바라는 간절한 바람을 갖고 있고, 또 언제든지 버스가 오면 떠날 채비가 돼 있는 사람들, 딱 그만큼의 거리라는 맥락이 생긴다.

온라인은 어떠한가. 서로가 보이지 않는 상태에서 표정이 없는 글자가 오간다. 한 사람은 소파에 누워 카카오톡을 뒤지며 심심풀이 대화할 사람을 찾고 있을지 모르겠지만, 메시지를 받는 사람은 방금 직장 상사에게 깨져서 자존감이 나락을 구르고 있을지도 모른다. 둘 사이에는 공간적 맥락이 없다.

이 맥락 없음은 의도치 않게 상대방을 불쾌하게 만들기도 한다. 불쾌한 감정은 예리한 칼날이 되어 소통을 끊어버린다.

그나마 이메일은 실시간 채팅보다는 낫다. 보통 자신이 편할 때, 마음의 준비가 된 상태로 메일함을 열기 때문이다. (그럼에도 충격적인 문장은 언제 당신을 습격할지 모른다!) 문자로 실시간 소통을 해야 하는 상황이라면, 더욱이 상대와 아직 친분이 없다면 격의 없게 다가가는 것보다는 과한 예의를 차리는 편이 낫다. '바쁘시겠지만' '죄송하지만' 등 상대방을 존중하는 쿠션어를 덧붙이는 것도 한 가지 방법이다. 내가 생각하는 마음의 거리와 상대가 생각하는 마음의 거리가 언제나 같지는 않다는 사실을 기억해두자.

어른의 문장은,
상대방과의 심리적 거리를 염두에 둔다.

날렵하게 문장 다이어트

어른의 문장을 쓰려면 글 종류를 불문하고 퇴고를 여러 번 해야 한다. 한 번 고친 글보다 두 번 고친 글이, 두 번 고친 글보다는 열 번 고친 글이 낫기 마련이다.

첫째는 불필요한 것을 빼야 한다. 정갈한 어른의 문장에는 군더더기가 없어야 한다. 문제는 살 빼기만큼 어려운 게 문장 다이어트라는 사실이다. 특정 단어를 하나 빼려고 하면 왠지 글이 허전할 거 같고, 의도했던 내용이 제대로 살지 않을 거 같은 불안이 밀려온다. '구인회' 창립 멤버 이태준 선생님 또한 '문장 다이어트'의 중요성을 역설하셨다.

있어도 괜찮을 말을 두는 너그러움보다, 없어도 좋을 말을 기어이 찾아내어 없애는 신경질이 글쓰기에선 미덕이다.

— 이태준, 《문장강화》

평소 애먼 사람한테 신경질 내지 말고, 문장에 마음껏 신경질을 부려보자. 빼고 또 빼고 덜어내는 일. 퇴고의 8할은 불필요한 단어를 제거하는 일이다. 그렇다고 처음부터 '꼭 필요한 말만 쓰자'라고 결심하면 쓰는 일 자체가 고역이 된다. 일단 시원하게 써 내려가고 문장을 완성한 후 검토할 때 빼도 늦지 않다.

무엇을 뺄까? 뜻과 가독성을 해치는 요소를 우선으로 빼야 한다.

- 액세서리(없어도 되는 부사나 접속사)
- 겹치는 표현
- 붉은 화성(적. 화. 성)
- 들것

1. 액세서리 빼기

부사는 주로 용언(동사, 형용사) 앞에 붙어서 용언을 꾸며주는 말이다. 정말, 매우, 몹시, 너무, 가장 따위가 있다. 접속사는 그리고, 그래서, 그러나, 하지만, 그러므로 등이 있다. 모두 쓸모가 있어서 태어난 단어이지만 반드시 '그 자리'에 필요한지는 한 번쯤 따져보자. 굳이 필요 없는데 습관처럼 붙이는 경우가 꽤 많기 때문이다. 화려한 액세서리를 얼굴이며 온몸에 치렁치렁 매달고 있는 미인을 떠올려보자. 오히려 아름다움이 가려지지 않을까. 문장도 마찬가지, 지나친 치장은 본래 전하고자 하는 메시지를 퇴색시킨다. 아래 예시를 보면 부사를 뺀 아랫글이 훨씬 담백하다. 무슨 말을 하려는 지도 쉽게 이해된다.

나는 부사가 너무 자주 나오는 글을 정말 싫어한다. 그래서 퇴고하면서 의식적으로 열심히 부사를 뺀다. 그러나 진짜로 꼭 필요할 때는 써야 한다. 하지만 대부분 부사를 빼도 큰 지장이 없는 경우가 상당히 많다.

→ 나는 부사가 자주 나오는 글을 싫어한다. 퇴고하면서 의식적으로 부사를 뺀다. 꼭 필요할 때는 써야 한다. 대부분 부사를 빼도 지장이 없는 경우가 많다.

2. 겹치는 표현 빼기

초고를 쓸 때는 보통 생각나는 대로 퍼붓기 때문에 같은 의미 단어를 중복으로 사용할 때가 많다. 이를 지나치게 신경 쓰면서 글을 쓰면 진도가 안 나가니 퇴고할 때 빼주면 된다.

그 땅은 농사를 짓기에는 토질이 나빠서, 거의 쓸모가 없는 땅이라 방치됐다.

→ 그 땅은 농사를 짓기에는 토질이 나빠서 방치됐다.

우리는 남들이 잘 모르는 비밀 장소에서 만나기로 했다.

→ 우리는 남들이 잘 모르는 장소에서 만나기로 했다.

해변에 2인용 커플 의자가 놓여 있었다.

→ 해변에 커플 의자가 놓여 있었다.

3. 붉은화성(적.화.성) 빼기

문장을 어렵고 딱딱하게 만드는 대표적인 한자어로 −적. −화. −성이 있다. 잊어버리지 않게 '붉은 화성'으로 기억하자.

중독적인 SNS 활동이 심각한 사회적 현상으로 떠올랐다.

→ SNS 중독이 심각한 사회현상으로 떠올랐다.

인구가 몰리면서 도시는 점점 복잡화되는 추세다.

→ 인구가 몰리면서 도시는 점점 복잡해지는 추세다.

그렇게 마음 졸이지 말고 대담성 있게 해 봐.

→ 그렇게 마음 졸이지 말고 대담하게 해 봐.

4. 들것 빼기

이미 복수 개념이 들어간 단어에는 복수형 접미사 '들'이 필요하지 않다. '~ 것'의 사용을 줄이면 문장이 군더더기 없이 깔끔해진다. '들'과 '것'은 들것에 실어서 얼른 문장 밖으로 내보내자. 아래 예시와 같이 울룩불룩 튀어나온 군살을 걷어냈더니 문장이 한결 정갈해졌다. 읽는 사람도 편안하다.

영화 제작진들이 무대로 올라갔다.
→ 영화 제작진이 무대로 올라갔다.

우리들은 다음 목적지로 향했다.
→ 우리는 다음 목적지로 향했다.

아픈 것은 사실이지만 아닌 척했다.
→ 아팠지만 아닌 척했다.

2장

강력한 힘이 되는 문장의 활용

긍정의 문장이
긍정적인 첫인상을 만든다

관심사가 비슷한 익명의 사람들이 모여 정보를 나누고 친목을 다지는 '오픈된' 그룹 채팅방이 있다. 서로 얼굴은 몰라도 몇 문장만 나눠보면 어떤 사람인지 금방 드러난다. 말끝마다 느낌표를 다는 파이팅 넘치는 외향인, 어지간해서는 등장하지 않는 내향인, '드립력 만렙'의 개그맨, 첫사랑처럼 다정한 사람, 매사 진지한 사람, 눈치가 눈곱만큼도 없는 사람 등 만나지 않아도 성격을 알 것만 같다. '얼굴보다 말이 더 그 사람의 인격에 가깝다'고 말하는 강원국 작가의 말에 공감이 간다.

채팅방 문장 뒤에 숨어 있는 표정은 크게 두 부류로 묶인다. 찡그린 얼굴의 부정적인 문장과 온화한 미소를 머금은 긍정적인 문장. 당연히 긍정적인 문장이 어른의 문장이다.

찡그린 문장(부정형)

아직도 3일이나 더 버텨야 하네!

이게 다 무슨 의미야.

또 망함. 이번 생엔 틀린 듯.

아니, 그게 아니라.

온화한 문장(긍정형)

내일이면 벌써 '주말권'이네!

힘들어도 뭔가 배우는 게 있겠지.

괜찮아, 다시 하면 되지.

그렇게도 생각할 수 있겠네.

똑같은 하늘의 달이라도 밝은 면을 보는 사람이 있고 그림자에 주목하는 사람이 있다. 긍정적인 문장을 즐겨 쓰는 사람은 안 되는 이유보다는 되는 이유를, 지적이나 비난하기보다는 대안을 찾는다. 내가 보고 들은 것이 무조건 옳다고 여기지 않고, 착각일지도 모른다는 가능성을 염두에 두고 대화한다.

반면 부정적인 문장을 쓰는 사람은 칭찬마저 남을 깎아내리는 방식으로 한다. 가령, 맛집에서 기분 좋게 식사를 마치고 나와도 '어제 갔던 집은 진짜 불친절하고 맛이 없었는데 여기는 그나마 좀 낫네.' 식으로 긍정의 단어를 절대 입 밖(문장)

으로 꺼내지 못한다.

서로 얼굴을 모르는 오픈 채팅방에서 상대방의 첫인상은 단 세 문장으로 결정된다. 같은 상황을 놓고 짓는 두 사람의 문장을 비교해보자.

- 너무 어려워요. 제가 머리가 좀 나빠서요.
  여기 계신 분들은 다들 똑똑하신 거 같은데 저만 부끄럽네요. ㅠㅠ

- 어렵긴 한데 재밌어요. 뭔가 잠들어 있던 도전정신이 깨어나는 느낌? ㅎㅎ
  벌써 다음이 기대돼요!

어떤 문장을 짓는 사람과 함께 대화하고 싶은가. 누구와 함께 일하고 싶은가. 문장을 어떻게 쓰느냐에 따라 그 사람의 성격이 좋아 보이거나 능력이 더 뛰어나 보이기도 한다.

글투와 말투는 그 사람의 자존감과 세상을 보는 시각을 드러낸다. 고백하자면 나 역시 몇 년 전까지만 해도 찡그린 부정형 문장을 자주 사용했다. 문장은 부정형인데 말만 긍정형으로 하기 힘들다. 당연히 평소 대화할 때도 부정적인 단어를 주로 뱉었을 것이다. 아무렇지 않은 날에도 주위 사람들에게 종종 '표정이 어둡다' '안 좋은 일 있느냐'는 오해를 받았다. 돌이켜보면 그 당시 일과 인간관계가 참 힘들었던 시기이기도 하다. 그러니 또 부정적인 말만 입 밖으로 나오는 악순환이 계속됐다.

성인이 되면 누군가에게 진심 어린 충고를 들을 기회가 잘 없다. 자신의 부족한 면을 스스로 깨닫고 바꾸는 계기가 생기면 다행인데 나에게는 책이 그 행운을 안겨줬다. 아들러 심리학을 문답법으로 녹인 기시미 이치로의 《미움받을 용기》를 우연히 읽고 심경에 동요가 일었다. 상황이 나쁜 게 아니라 내가 부정적인 단어를 끊임없이 '선택'하고 있다는 사실을 알아차린 것이다.

그때부터 의식적으로 '긍정의 단어'를 수집했다. 머릿속을 지배했던 '못하겠어' '어려워' '왜 하필 나야'를 지우고 '오 괜찮은데?' '내가 할게' '시작하면 어떻게든 되더라'를 입력했다. 부정적인 말이 나오려는 순간, 인중에 힘을 주어 입술을 꾹 닫았다. 짜증을 눌러 담은 문장은 백스페이스키로 지우고 새로 썼다. 긍정적인 문장을 쓰는데 점점 익숙해지자 신기하게도 주변이 선하고 건강한 사람들로 채워졌다. 더 이상 나에게 기분이 안 좋냐고 묻는 사람이 없는 것으로 보아 긍정의 힘이 표정까지 포섭한 것이 틀림없다.

문장 몇 줄로 남들에게 내 이미지나 인격을 평가당한다고 생각하면 두렵고 억울한 기분이 든다. 게다가 한 번 생긴 첫인상은 쉽게 지워지지 않는다. 하지만 너무 분해할 필요도 없다. 결국 평소 하는 생각, 신념, 가치관이 문장에 고스란히 묻어나오니 말이다. 말을 가려서 하듯 문장도 세심하게 골라서 쓰는 수밖에 없다. 어른의 문장은 긍정적이고 자신감 넘치는 문장이다. 어른의 문장을 구사하려고 애쓰는 일은 좋은 사람이 되려는 노력과도 비슷하다. 남을 배려해서 하는 일 같지만, 종국에는 나를 아끼는 마음이다.

어른의 문장은,
긍정적이며 나를 아끼는 마음에서 나온다.

"

'일잘러'의 문장은
이것이 다르다

직장생활을 하다 보면 예상치 못한 인물을 만나고 때로는 부딪친다. 쉽지는 않지만, 모두 내 입맛에 맞기 어렵다는 진리를 받아들이려고 한다. 나 역시 부족한 부분이 많은 사람임을 상기하고 겸손을 장착한다. 다만, 특별히 유의해야 할 유형이 있는데 문장 커뮤니케이션을 회피하는 사람이다.

그런 사람들은 보통 성격이 급하다. 아무래도 전하고자 하는 내용을 글자로 일일이 정리해서 쓰는 것보다 입으로 내뱉는 게 빠르다. 글로 정리하려면 정제된 단어를 애써서 골라야 하고 생각을 머리로 길어 올린 다음 손가락으로 토해내야 하니 과정이 복잡하다. 마음이 바쁘니 정리할 겨를이 있나, 일단 전화기부터 든다. 상대가 글을 읽고 반응하기까지 기다릴 인내심도 부족하다. 바로바로 피드백을 받아야 직성이 풀리는 것이다.

혼자서는 생각을 정갈하게 정리하지 못하는 사람도 문장을 외면한다. 전화로 이야기를 주고받으면서 자신이 해야 할 영역을 확인하고, 상대방에게 의견을 물으면서 본인의 생각을 갈무리하는 것이다. 대화에는 분명 효용이 있다. 혼자서 몇날 며칠을 끙끙 앓던 문제가 휴식 시간에 동료와 대화를 나누던 중 사르르 해결되기도 한다. 하지만 그런 일도 한두 번이지, 매번 일 처리할 때마다 상대방 머리를 빌려야 한다면 민폐가 아닐 수 없다. 타인의 소중한 시간을 빼앗기 때문이다.

문장력이나 문서 작성 능력이 서툰 사람도 문장 커뮤니케이션을 피한다. 자신의 빈약한 어휘력이나 논리가 남들 앞에 드러나는 게 두려운 것이다. 문장력은 자주 써야 느는데 그것을 회피하니 발전할 기회를 얻지 못한다. 문서 작성 능력 역시 마찬가지. 자신이 없으면 남들은 어떻게 작성하는지 적극적으로 조언을 얻고 찾아보고 공부해야 실력이 느는데 입으로 해결하려고 한다.

만약 일부러 '증거'를 남기지 않으려는 의도를 숨긴 사람이라면 더욱 조심해야 한다. 이런 부류는 기록이 남는 메신저나 메일을 피하고 전화나 1:1 대면 소통을 추구한다. 일이 잘못됐을 때는 모르쇠 하거나 심지어 '내가 언제 그렇게 이야기했느냐'며 말을 바꾸고 적반하장 하기도 한다. 직장생활을 몇년 하다 보면 꼭 한 번은 만나게 되는 상황이니 사회초년생이라면 마음의 준비를 하고 있자. 특히 상사가 그런 스타일이라면 더욱 골치가 아프다. 그런 사람에게는 어떻게 대처해야 하느냐고? 그걸 알았다면 내가 직장생활을 그만두었을까!

지금껏 언급한 유형은 한마디로 '일 못하는 사람'의 전형이다. 일 못하는 사람에게 어떤 특성이 있는지 구구절절 설명한 이유가 있다. 그것을 뒤집으면 '일잘러'가 되기 때문이다. 수시로 문장 소통을 하는 회사에서 일 잘하는 사람이 되려면 문장 소통 능력을 우선 키워야 한다.

일을 잘하는 사람은 사소한 회의 시간일지라도 맨몸으로 '팔랑' 가기보다는 정갈하게 정리된 문장을 준비한다. 논의 주제와 보고할 내용을 나누어 메모해두면 전달할 내용을 깜박하지 않는다.

기획팀 회의(2022. 10. 18. 오전 9시, 소회의실)

〈논의 주제〉

☑ 다음 달 아이템 선정

☑ 협력사 미팅 일정, 장소, 인원수

☑ 하반기 컨퍼런스 프로그램 구성(대략)

☑ 다음 달 재택근무자 결정

<보고 주제>

☑ 지난주 고객사 피드백(매우 긍정적, 다음 분기도 함께 하기로!)

☑ 이번 주 입사, 신입사원 소개

또한 아주 간단한 내용이 아니라면 말보다는 문장으로
정리해서 메신저와 이메일로 소통한다.

송 과장님,
협력사와 방금 통화했는데요.

다음 주 목요일이나 금요일 오후 2시 회의 괜찮답니다.
장소는 우리 사무실이고요.

**둘 중 편한 날짜를 오늘까지 알려주시면 제가 전달하겠습니다.

**회의자료는 회의 이틀 전까지 보내달라고 하니 참고 부탁드려요!

갑작스러운 전화로 상대방의 시간을 빼앗지 않고, 대화
내용이 기록으로 남으니 책임감이 생겨 내용을 전달하기 전
에 한 번이라도 더 확인하게 된다. 마찬가지 이유로 상대방 또
한 적극적인 피드백을 줄 것이다.

일터에 존경하는 상사나 배울만한 동료가 있다면(부디 그
렇기를!) 그들이 작업한 문서나 이메일, 메신저에서 평소 사용
하는 문장을 눈여겨보자. 요점을 정확하고 이해하기 쉽게 정

리한 어른의 문장일 것이다. 모방하며 훈련하는 일만 남았다.

　일을 잘해서 능력을 인정받으면 직장생활이 한결 덜 괴롭다. 심지어 어떤 날은 행복감에 젖기도 할 것이다. 빠른 퇴근, 승진, 두둑한 월급으로 이어진다면 더 바랄 게 없겠지만 그렇지 않아도 괜찮다. 당신은 어디에 가든 환영받는 존재가 될 것이고 어깨를 당당하게 쭉 펴고 다닐 테니까.

어른의 문장은,
일을 잘하는 사람의 필수 조건이다. **"**

유머는 언제나
호감을 준다

한동안 설레는 가슴으로 아침을 맞이했다. 초등학교 2학년이 된 조카가 스마트폰이 생기면서 매일 카톡을 보내기 시작한 것이다. 당연히(?) 나보다 일찍 일어나는 녀석은 고모가 꿀 같은 아침잠에 빠져 있는 사이 늘 비슷한 메시지를 한 꾸러미씩 보내놓았다.

> 고모

> 고모!

> 고

> 모

모해요

저

수헌이요

(하트 이모티콘)

(춤추는 이모티콘)

(뒹구는 이모티콘)

(코 고는 이모티콘)

(뽀뽀 이모티콘)

깜찍한 캐릭터들이 조카의 분신처럼 발랄하게 애교를 떨고 있었다. 광대가 한껏 올라간 채 답장을 보내고 짧은 카톡 대화를 이어갔다. 조카는 아직 맞춤법도 틀리고 온전한 문장을 쓰지 못해 대화창에는 글자보다는 이모티콘이 대부분이었다. 아무렴 어떤가, 그저 존재만으로도 충분한 사람도 있는걸. 어른의 문장을 쓰지 않아도 '괜찮은 관계'가 있다.

문장 대화에서는 보이지 않는 서로의 표정, 이를 대신하는 요소가 이모티콘이다. 부드러운 분위기를 조성하고 재미를 더하려고 이모티콘을 쓰기도 한다. 상황에 절묘하게 맞아 떨어지는 이모티콘을 제때 쓰면 대화가 살지만, 남발하면 안 붙이느니만 못하다. 자칫 진중하지 않거나 유치한 느낌을 주기 때문이다.

특히 비즈니스 관계라거나 아직은 설익은 사람과 문장 대화할 때 이모티콘을 써야 할지 말아야 할지 망설여진다. 긴 내용을 문장으로만 줄줄 쓰기에는 왠지 차가워 보일 것 같고, 이모티콘을 붙이자니 가벼워 보일까 봐 신경 쓰인다. 웃는 이모티콘을 ^^로 할 것이냐 :)로 쓸 것이냐를 고민하고, 말끝에 물결(~~)이나 말 줄임표를 붙이면 '아재'라는 소리에 나도 모르게 삭제 버튼을 급하게 누른다.

나는 아직 정답을 찾지 못해 상대에게 맞추는 편이다. 상대가 ^^을 쓰면 나도 ^^을 붙이고, 이모티콘을 전혀 쓰지 않는 사람이면 나 역시 자제한다.

결국 이모티콘을 쓰는 이유는 소통을 원활하게 하려는 것이고, 누구나 자신과 비슷한 방식으로 소통하는 사람과 대화할 때 마음이 편안하기 마련이니까.

하는 말마다 빵빵 터지는 재치 있는 사람이 있다. 그들을 가만히 살펴보면 한 가지 공통점이 있다. 아무리 우습고 황당한 에피소드도 엷은 미소 하나 없이 천연스레 말한다는 것이다.

반면, 풍선에서 바람이 새듯 피식거리며 말을 꺼내는 사람치고 허무한 결말이 아닌 경우가 드물다. 무슨 차이일까.

누구나 대화를 할 때 크고 작은 기대치를 갖는다. '어떤 이야기(정보)를 나에게 전할까, 새로운 이야기일까, 재미있을까.' 하고 예상해보는데 스스로 웃음을 참지 못해 터뜨릴 정도면, 얼마나 재미난 일이길래 그럴까 기대감이 한껏 높아지니 상대적으로 허탈한 것이다.

평소 유머 감각에 자신이 있는 사람이라면 오히려 이모티콘을 빼고 문장을 쓰는 게 더 좋다. 위에서 언급한 기대치를 낮추는 효과가 생긴다.

이모티콘 하나 없이 메마른 문장만으로 사람들의 폭소를 터뜨리는 인물이 있다. 의류 쇼핑몰 '원파운드'를 운영하는 '이지보이'다. 쇼핑몰 초창기 시절부터 나는 그의 인스타그램을 팔로우하고 있는데 옷에 관심이 많아서가 아니다. '내일은 또 무슨 글을 올리려나' 나도 모르게 그의 게시물을 기다리고 있기 때문이다.

이는 나뿐만이 아닌 듯하다. 그의 팔로워 수는 주계정만 현재 15만 명 이상으로, 부계정까지 합치면 20만 명에 육박한다. 유명 기업도 아니고 평범한 젊은 부부가 운영하는 작은 쇼핑몰에 어떻게 이렇게 많은 팔로워가 있을까. 그가 인스타그램(@tieb_easyboy)에 올렸던 글 몇 편을 소개한다.

2022년 호랑이해를 여는 첫날, 그는 '새해 복 많이 받으세요'라는 평범한 인사를 택하지 않았다. 떠오르는 태양을 마주

한 채, 마치 영화 〈록키〉의 한 장면처럼 주먹을 허공에 날리며 섀도복싱하는 장면을 영상으로 찍어 업로드했는데 영상 아래에는 다음과 같은 글이 달렸다.

> 이 영상을 보신 모든 분들은 호랑이의 기운이 과잉분비되어 넘치다 못해 흘러내리는 에너지를 양분삼아 무소의 뿔처럼 거침없이 돌진하여 역경일랑 우습게 무찌르고 하고자 하는 모든 것은 번개와 같이 단숨에 이루어 황금독수리처럼 세상을 놀라게 하게된다에 제 테슬라 허락권을 겁니다. 새해 복 많이 받으세요 예스유캔.

신제품을 출시하고 홍보할 때도 제품 설명에 화려한 외래어를 섞어가며 '있어빌리티'에 열중하는 여느 쇼핑몰과는 다른 전략을 취했다.

> 신제품이 출시되었어요. 화려하지 않고 휘황찬란하지 않으며 수수하고 수더분해서 누구나 편하게 즐기실 수 있어요. 그럼 고요한 마음으로 한적하게 살펴봐주세요.

고객의 애정 어린 컴플레인에 대처하는 자세도 남다르다. 사업 철학을 재치 있고 꿋꿋하게 밝혀 오히려 팬으로 만들어버린다. 다른 쇼핑몰에서 사려고 장바구니에 옷을 담아두었다가도 마음을 돌리게 만들 법한 매력의 소유자다.

저는 제품 하나하나에 몰입하는 것을 좋아합니다. 풍덩 빠져서 불꽃처럼 이야기를 쏟아내고, 여러분이 모르는 것이 아무도 없게 하고 싶어 합니다. 그런데 왕창 출시는 그게 잘 안됩니다. 일례로 가을에 출시한 프렌치 셔츠 같은 경우는 실로 빈틈없는 제품이었으나, 소개 한번 제대로 못 드렸습니다. 저는 내 말은 맞지만 니 말도 맞구나 하는 사람입니다만, 출시에서만큼은 제 소신을 이어가려 합니다. 앞으로도 하나하나 뜨겁게 만들고 후회 없이 이야기하고 싶습니다. 저는 제 마음이 제일 중요한 ENTP이며 그러므로 어떤 후회도 마음에 남겨둘 수는 없겠습니다.

《터지는 콘텐츠는 이렇게 만듭니다》를 쓴 박창선 작가 역시 내가 아는 '재치 문장가' 중 한 사람이다. 그는 글쓰기 플랫폼 브런치에 2만 3천 명이 넘는 구독자가 있는 인기 작가이기도 하다.

구어체의 달인인 그는 동종 업계 사람이라면 박장대소를 터뜨릴만한 글을 태연하게 쓰는데 업계 사람이 아니더라도 고개를 주억거리게 만든다. 가족과 함께하는 식사 풍경을 '역삼동 스타트업' 문체로 도도하게 휘갈겨 쓴 일기를 살펴보자.

한껏 디벨롭된 목살이 식도를 타고 넘어오는 순간 난 내면에서 뭔가 인커리지 되는 것을 느끼며 고기에 대한 새로운 인사이트가 생기는 것 같았어. 모든 고기가 불판 위에서 일관된 굽기를 자랑하는데, 남동생

님은 고기의 레이아웃까지도 고려하는 센스를 선보였지. 벨류에이션을 더욱 높여주는 디자인도 한몫했어. 비계 부분의 얼라인이 잘 맞아 있었고 브라운톤의 컬러감이 참숯과 잘 어울렸달까. 춘천시골집인지라 시고르자브종 강아지가 고기 냄새를 맡고 꽤나 동기부여된 상태였어. 두세점 줬더니 아예 내 옆에 포지셔닝하곤 끊임없이 받아먹겠다는 스탠스를 취하더라고.

— 박창선 브런치, 《역삼동 스타트업 느낌 물씬 나는 일기를 써보았다》 중

우스꽝스러운 표정, 과장된 몸짓, 이모티콘 하나 없이 사람을 웃게 만드는 힘, 풍자가 담긴 능청스러운 유머이다. 재미있는 사람과 함께 하는 술자리에서 막차 시간이 다 되어도 엉덩이를 떼기 힘들 듯, 재치 있는 글은 읽는 사람을 꼭 붙들고 놔주지 않는다. 조금 더 알고 싶고, 조금 더 읽고 싶다.

안타깝지만 유머 감각은 어느 정도 타고나는 것 같다. 항상 미간에 주름을 잡는 진지한 사람이 어느 날 갑자기 '오늘부터 배꼽을 쏙 빼버릴 테야' 다짐한다고 하루아침에 달라지기는 힘들 것이다. 게다가 유머를 시도하는 일에는 용기도 필요하다. 실패하지 않을까, 우스워 보이지 않을까 하는 자기검열을 통과해야 하니 말이다.

실시간 채팅이나 SNS에서는 비교적 가벼운 대화가 오고 가니 시도해볼 법하다. 구어체인 말글의 장점을 살려 가끔은 익살스러운 문장을 지어보는 건 어떨까. 한 번이라도 나를 더

웃게 해주는 사람에게 시선이 가더라. 사람 마음이라는 것이
그렇다.

어른의 문장은,
유머와 재치로 사람 마음을 훔친다.

"

내향인에게 더욱 힘이 되는
온라인 글쓰기

트렌디한 패션 감각에 춤 실력까지 출중한 친구 S. 외향적이고 끼 많은 그녀는 평소 SNS에 자신의 일상을 자주 공유했다. 멋지게 차려입고 모델 포즈를 취한 사진, 카푸치노 옆에 놓인 베스트셀러 책 표지 사진, 얼마 전 학원에서 배운 커버댄스 안무를 직접 추며 찍은 릴스 영상 등으로 꾸며진 그녀의 인스타그램은 그야말로 '핫'했다. 나는 끼 많은 그녀를 은근 부러워하며 소심하게 '좋아요'를 누르곤 했다. 그러던 어느 날, 오랜만에 S를 만나 안부를 주고받는데 그녀가 의외의 말을 꺼냈다.

"SNS에 사진을 올리면서 캡션에 글을 달고 싶은데 뭐라고 써야 할지 모르겠어. 남들은 센스있게 잘만 쓰던데 내가 쓰면 다 유치하고 오글거리는 거 같아, 결국에는 다 지우고 사진만 올리게 되더라고….”

외향적이고 끼 많은 친구는 내가 생각지도 못한 고민을 하고 있었다.

사람을 두 가지 유형으로 딱 자르기는 어렵겠지만 굳이 꼽으라면 나는 내향인에 가깝다. 사람들과 함께 있을 때 활력을 얻는 사람을 외향인, 혼자 쉬면서 기운을 충전하는 사람을 내향인으로 분류하면 말이다. 하지만 대면이 아닌 글에서 나를 먼저 만난 사람들은 내가 내향인이라고 고백하면 의외라며 놀라곤 했다. 나뿐만이 아니다. 내가 아는 많은 내향인은 외향인 가면을 쓰고 온라인에서 활동하고 있다.

이는 근거 없는 이야기가 아니다. 내향성과 외향성을 연구한 수전 케인Susan Cain은 저서 《콰이어트》에서 내향적인 사람들이 외향적인 사람들보다 자기 자신에 관한 깊은 사실들, 가족과 친구들이 보면 놀랄만한 사실을 온라인에 표현한다고 언급했다. 200명이 앉아 있는 강의실에서라면 절대 손을 들지 않을 사람이 200만 명이 보는 블로그에 글을 쓰기도 한다며.

디지털 시대와 코로나가 손을 잡으면서 내향인의 무대가 넓어졌다. 하루 수많은 시간을 온라인에서 보내는 현대인의 주된 소통 수단은 글이다. 화려한 말발과 제스처로 좌중을 휘어잡는 외향인을 부러워하며 한 걸음 물러서 있던 내향인에게도 드디어 기회가 온 것이다. 개인 블로그나 SNS 하나 운영하지 않는 사람은 드물다. 오늘 누구를 만나고 무엇을 먹었는지 소소한 일상을 공유하거나 아예 각 잡고 앉아 자신의 이야기를 에세이로 쓰기도 한다. 심지어 구독자를 받아 정기적으로 뉴스레터 형식 글을 써서 이메일로 발송하는 친구도 있다. 관건은 얼마나 정갈하게 문장으로 표현할 수 있느냐이다.

나는 방송작가로 일하던 3년 전까지만 해도 글 뒤에 숨어 살았다. 내가 교양 프로그램을 만들면서 하는 일이란 주로 정보를 알기 쉽게 정리하고 다듬어서 방송 대본으로 풀어내는 것이었다. 방송에서 바탕은 영상이고 글(소리)은 보조 수단이다. 영상에 다 담지 못하는 내용을 글로 정리해 대본을 썼는데 그러고 보면 10년 넘게 어른의 문장을 써온 셈이다. 하지만 밤을 새워 글을 쓴들 시청자는 그 글을 쓴 사람이 나라는 사실을 알지 못했고 관심도 없었다. 방송 스크롤로 흘러 0.5초 만에 사라지는 내 이름 석 자는 그래서 애달팠다.

시간이 갈수록 내 이야기를 하고 싶은 욕망이 차올랐다. 나란 사람은 빨간 날과 워라밸을 모르는 방송쟁이로 누구보다 치열하게 살았고, 수많은 부침을 겪으면서 나름 삶의 의미와 보람을 발견했다고, 독자들을 붙잡아 들려주고 싶었다. 말하고 싶은 충동을 손가락으로 토해냈다. 방송작가로 일하면서 겪었던 경험을 곱씹어 풀어낸 글을 글쓰기 플랫폼 브런치에 올린 것이다.

처음에는 나의 사적인 이야기를 공개한다는 것이 어색하고 쑥스러웠다. 그동안 썼던 방송 글은 사물이나 상황을 객관적으로 설명하는 글이었지 나의 체취가 드러나지 않는 글이었기 때문이다. 한 가지 위안이라면 온라인 세상에서는 붉게 달아오른 얼굴과 염소처럼 떨리는 음성이 감춰진다는 것. 낯선 사람들 앞에서 발표하는 것보다는 훨씬 낫지 않은가. 내향인이라고 주목받고 싶은 욕구가 없는 것이 아니다. 오히려 가진 능력이나 재주가 잘 드러나지 않으니 아쉬워하는 사람이 많다. 숨겨온 야망을 드러낼 기회를 마땅히 찾지 못했던 것이다. 갈고 닦은 정갈한 어른의 문장이 드디어 나에게도 기회를 줬다. 내 글은 한 출판사 눈에 띄어 책으로 탄생했다.

첫 책을 출간하면서 '나의 이야기도 가치가 있구나'라는 자신감을 얻었다. 온라인에 차곡차곡 글을 쌓자 좋은 인연이 계속해서 찾아왔다. 내가 네 번째 책을 출간하게 될 줄은 물론이고 책을 쓰는 저자로 살게 될 줄 몰랐다. 글쓰기를 가르치며 살게 될 줄도 몰랐다. 인생의 터닝포인트는 그렇게 온라인이라는 밥상에 정갈하게 차려낸 문장에서 우연히 만났다.

그런 연유로 주변에 나처럼 내향적인 사람들에게 온라인에 글을 써보라고 권한다. 글쓰기 코치 일을 지속하는 이유 중 하나다. 이야기가 되지 못한 수많은 사연을 길어 올려 지루한 일상에 새로운 페이지를 써내려가길 바란다. 당신이 생각하는 것보다 훨씬 더 많은 가능성을 품은 사람일 테니까.

한동안 퍼스널브랜딩이란 단어가 유행처럼 떠돌았다. 더이상 강사나 인플루언서만의 용어가 아니다. 언젠가 회사를 그만둘 당신이라면, 아이를 키우고 다시 사회생활을 시작할 당신이라면 기억해두자. 나만의 독자적인 인생을 쌓아가는 데 꼭 필요한 준비물은 문장력이라는 든든한 벽돌이라는 사실을.

내향인은 혼자 있는 시간을 지루해하지 않고 즐긴다. 사색과 독서를 좋아하는 경향이 크다. 정갈한 문장을 쓰는데 유리한 것이다. 그러나 어른의 문장 쓰기는 하루아침에 얻는 기술이 아니다. 쓰는 만큼 정갈해진다. 주체적인 나로 살고 싶다면 매일 쓰고 고치기 바란다. '나는 내향인이라서…'라는 말은 이제 허울 좋은 핑계에 불과하다.

어른의 문장은, 〝
내향인의 잠재력을 끌어내는 무기다.

정갈하게 표현할수록
관계는 단단해진다

엄마 없이는 살아도 친구 없이는 못 살던 학창 시절, 학교에서 집으로 돌아오면 소라게처럼 내 방으로 쏙 들어가 무선 전화기부터 들었다. "정혜네 집이죠?" 전화기가 닿은 뺨이 뜨거워질 때까지 친구와 수다를 떨곤 했다. 담탱이 욕, 좋아하는 남자애 이야기로 시간 가는 줄 몰랐다. 마치 수화기를 사이에 두고 너와 내가 하나인 듯 목소리로 끈끈하게 연결되던 때가 있었다. 가끔은 전화기 너머로 오가던 그 시절 음성 대화가 그립다.

휴대폰 '문자메시지'가 등장했고, 인터넷이 팡팡 터지는 스마트폰이 나오더니 마침내 글자 수 제한이 없는 '카카오톡' 시대가 열렸다. 목소리 대신 엄지손가락으로 대화를 하기 시작한 것이다. 고개를 푹 숙인 채 스마트폰을 보며 걷는 현대인의 모습을 스몹비(스마트폰+좀비)로 그리기도 했다. 내가 원할 때만 소통하고자 하는 태도를 극단적 개인주의의 단면이라고도 평했다. 인간은 점점 더 외로워질 것이라는 비관적인 전망까지. 과연 문장 소통은 우리를 외롭게만 할까.

지금은 제법 느긋해진 편이지만 나는 성격이 몹시 급했다. 어떠한 일이든 조금이라도 빨리 결과를 알고 싶어 전전긍긍했고 기다림은 언제나 고통스러웠다. 왜 그럴까 생각해보니 그 뒤에는 '불안'이라는 그림자가 껌처럼 달라붙어 있었다. 방송 출연자를 어렵게 섭외했는데 확정 답변을 듣고 싶어서 귀찮게 하다가 일을 그르쳤다. 카톡을 보내고 세 시간이 지났는데 남자친구에게 답장이 오지 않으면 '내가 싫어졌구나'라고 단정 지으며 시비를 걸었고 덕분에 관계를 망쳤다.

불안하면 말실수를 저지르기 쉽다. 생각을 정갈하게 정리할 겨를이 없기 때문이다. 내가 글쓰기를 사랑하는 이유 중 하나는 글이 주는 여유 때문이다. 말은 한 번 내뱉으면 주워 담지 못하지만 글은 몇 번이고 다시 생각하고 퇴고한다. 말은 상대가 있고 실시간이라 갑작스레 끊기 어렵지만 글은 내가 원하는 순간에 쓰고 발행한다. 글이 주는 틈은 들끓는 불안을 한 김 식혀주었다.

나이가 들고 서로의 환경이 달라지면 원인 모른 채 서서히 소원해지는 관계가 있다. 특별히 나쁜 사건이 있었던 것도 아닌데 연락이 뜸한 세월이 쌓이면서 돌이키기 힘든 사이가 되어버리기도 한다. 그렇게 남으로 끝나버리기에는 아쉬운 인연이 있다. 그렇다고 갑자기 만나자고 하거나 전화를 거는 일은 마음처럼 쉽지 않다.

나는 잃기 아까운 친구에게 장문의 메시지나 이메일을 보내 관계를 회복하기도 했다. 함께했던 소중한 추억, 요즘 나의 근황, 궁금한 너의 안부를 말하듯 문장으로 정갈하게 쓴 다음 다시 읽어본다. 말로는 하기 쑥스러운 표현이지만 글이니까 나온다. 상대방이 눈앞에 있다고 상상하고 쓰는 글에는 말 못지않은 정이 어린다.

직접 편지를 쓰기가 멋쩍어 간접적으로 표현한 적도 있다. 나는 무뚝뚝한 장녀로 살가운 딸은 아니었다. 내가 어릴 때부터 부모님은 줄곧 맞벌이를 하셨다. 엄마는 닥치는 대로 일했다. 소소하게 구슬 꿰는 부업을 했고, 마트 입구에 종일 서서 두부와 시루에 담긴 콩나물을 팔기도 했다. '천국'에 닿을 만큼 셀 수 없는 김밥을 말며 남매의 대학 등록금을 벌었다. 환갑이 훌쩍 넘은 지금은 병원에서 환자들의 배식을 책임지고 있다.

엄마는 늘 피곤해했다. 어린 남동생과 나는 반지하에서 엄마를 기다리며 라면을 끓여 먹었다. 아빠 엄마가 우리 때문에 고생하신다는 것을 알았기 때문에 큰 불만은 없었다. 돌이켜보면 어두운 반지하에도 커튼 틈 사이로 새어드는 저녁노을처럼 안온한 순간이 있었다. 엄마는 열두 시간 넘게 일하고 집으로 돌아와 땀에 전 옷을 미처 갈아입지 못한 채 딸이 좋아하는 감자를 쪄주었다. 바쁘게 꼬마김밥을 말아 아침을 거르고 출근하려는 내 입속에 넣어준 일도 떠올랐다. 결혼식을 며칠 앞둔 어느 날에는 엄마가 동생 방에서 내 몸집만큼 커다란 상자를 하나 꺼내왔는데 그 속에서 '코렐 접시'가 끝도 없이 쏟아져 나왔다.

많은 딸이 그렇듯 나 역시 엄마를 떠올리면 코끝이 매웠다. 하지만 그것이 미안하고 고마운 감정이라는 사실은 결혼하고 나서도 한참이 지나서야 깨달았다. 당연히 사랑한다는 표현 한 번 제대로 해보지 못했다. 전하지 못했던 말이 가슴속에서 일렁거릴 때마다 글을 썼다. 엄마와의 추억을 담은 에세이를 써서 '엄마는 왜'라는 제목의 브런치북을 1년 만에 완성했다. 이제 부끄러움은 내 몫이다. 책의 '목표 타깃'이었던 엄마에게 브런치북 링크를 보내드렸다.

곧 브런치 알림이 떴다. 엄마가 '좋아요'를 눌렀다는 사인이다. 나는 마치 나쁜 일을 하다가 들킨 사람처럼 가슴이 쿵 내려앉았다. 엄마는 며칠 만에 내가 쓴 글을 모두 읽은 듯했다. '어떤 표정으로 글을 읽었을까.' '엄마의 추억 서랍 속에도 내가 쓴 이야기들이 들어 있었을까.' 궁금한 점이 많았지만 묻지는 못했다. 내 본심을 정갈하게 쓰는 동안 나는 엄마에게 깊어졌고, 엄마도 읽으면서 그러지 않았을까. 우리는 예전보다 많이 가까워졌다.

모녀 에세이를 새로 써서 올리지도 않았는데 요즘도 가끔 '좋아요' 알림이 온다. 누군가 확인해보면 어김없이 엄마다. 읽었던 글을 다시 읽는 모양이다. '목표 타깃'이 읽을거리를 다시 써야 할 때가 온 것 같다.

어른의 문장은,
꺼내지 못한 진심을 전달한다. **99**

정돈된 문장으로
머릿속을 정리하다

머릿속이 철 수세미처럼 엉켜서 잠을 이루지 못하는 밤이 있다. 눈을 감고 있는데 뜨고 있는 것처럼 정신이 말똥말똥하다. 침대 위에서 뒤척거린 지 벌써 세 시간째. 신나게 축포를 터뜨리는 남편의 코를 꽉 쥐고 비틀고 싶다. 걱정은 형체가 없는 안개처럼 뇌 주름 사이를 흐물흐물 배회하며 새벽 내내 떠돈다. 들리지 않는 비명이 미간을 잡고 흔든다. 까무룩 잠이 들었다. 쓰라린 안구, 몽롱한 정신으로 하루를 버틴다. 그리고 또다시 밤. 안개가 다시 슬그머니 고개를 들이민다.

걱정이 많은데 걱정의 실체마저 모호한 날엔 단어를 나열하고 문장을 엮어 글을 썼다. 생각의 가지를 하나씩 뻗어가며 마인드맵을 그리면 안심이 되기도 했다. 마인드맵을 창시한 토니 부잔Tony Buzan은 책《토니 부잔의 마인드맵 북》에서

이렇게 말했다. 마인드맵이 실질적인 문제에 대한 집중력을 높여주고 중요한 키워드를 나란히 배치해 창의력과 회상력을 높여준다고!

그래서일까, 뜬구름같은 걱정을 문장으로 정갈하게 펼쳐놓으면 이미 반쯤 해결된 기분이 들었다. 밤을 지새우는 대신 정해놓은 시간에만 눈앞에 보이는 '걱정 글'을 째려보기로 한다.

백지에 글자를 채우는 일, 입술을 움직여 말을 쏟아내는 일은 모두 몸 밖으로 '출력'하는 행위다. 숙변을 내보내듯, 내 안에 있는 것을 밖으로 힘겹게 밀어내는 행위다. 반면, 눈으로 책을 읽거나 귀로 강의를 듣는 것은 '입력'이다. 교육전문가들은 출력 방식을 효과적인 학습 전략으로 꼽는다. 수동적인 입력 방식의 공부는 머릿속에서 금방 휘발되기 때문이다. 책을 읽고 내용을 다 이해한 줄 알았는데 막상 누군가 '무슨 내용이 었느냐?'고 물으면 말문이 막힌 경험이 있을 것이다.

> 책을 읽은 후 우리는 그냥 뭉뚱그려진 감정과 생각의 덩어리를 갖고 있을 뿐입니다. 그것을 글이나 말의 형태로 옮기지 않는 한 생각은 제대로 위력을 발휘할 수 없는 것입니다. 결국 기억하기 위해서라도, 또 표현하기 위해서라도 말하고 쓰는 것이 중요합니다.
>
> — 이동진, 《이동진 독서법》, p.49

생각을 글로 정리하면 머릿속이 개운해지는 이유가 있다. 쓰는 동안 계속해서 문장을 다듬고 형상화하기 쉬운 이미지로 변환하기 때문이다. 핵심은 쓰는 과정에 있다. 잘 정돈되어 종이 위에 놓인 결과물이 아니라, 단어를 하나씩 늘어놓으며 때로는 지우며 포기하지 않고 앞으로 밀고 나아가는 그 '시간'이 지닌 힘 말이다.

그러므로 생각이 먼저 정리되어야 깔끔한 글이 나온다는 것은 틀린 말이다. 정갈한 생각은 정갈한 문장을 쓰는 길목에서 탄생한다.

심리학자 닐리 라비Nilli Lavie는 연구를 통해 머릿속이 바쁘면 이기적인 선택을 하고, 성차별적 언어를 쓰고, 사회적 상황에서 피상적인 판단을 내릴 확률이 높다는 결과를 도출해

냈다. 문장을 정갈하게 쓰려고 애쓰면 자연스레 머릿속 생각도 깨끗해진다. 정제된 언어를 사용하고 합리적인 사람이 된다. 머리가 복잡하고 산만할수록 글을 쏟아내자. 미세한 체에 밀가루를 곱게 치듯 여러 번 다듬자. 두개골 속이 고요하다. 오늘 밤은 푹 잠들 것이다.

어른의 문장은,
쓰면서 생각이 정갈해진다.

"

문장에 생동감 불어넣기

글에는 쓰는 사람 성격이 묻어 있다. 평소 주위 사람을 웃게 만드는 사람은 문장에서도 유머가 뚝뚝 떨어진다. 말할 때 장황한 사람은 글에도 군더더기가 많다. 글은 그 사람 사고방식, 생각을 비추는 거울이기 때문이다.

간결하고 정확한 문장을 써버릇하면 우유부단한 성격에도 조금씩 균열이 생기지 않을까? 피동형 문장을 능동형으로 바꾸어 쓰다 보면 소심한 성격도 차츰 대담하게 변하지 않을까 하는 희망을 품어본다. 성격을 바꾸는 것보다 문장을 바꾸는 일이 쉬우니 해볼 만하다. 당당하게 어깨를 쫙 펴고 다음 문장을 고쳐 보자.

1. 소극적인 피동형에서 적극적인 능동형으로!

그녀가 멀리서 나를 바라봄이 느껴졌다.

→ 그녀가 멀리서 나를 바라봤다.

활활 타오르는 장작불을 보니 학창 시절 수련회가 떠올려졌다.

→ 활활 타오르는 장작불을 보니 학창 시절 수련회가 떠올랐다.

이제는 외벌이가 됐으니 그만큼 씀씀이가 적어져야 될 것 같다.

→ 이제는 외벌이가 됐으니 그만큼 씀씀이를 줄여야겠다.

2. 호흡 곤란이 오기 전에 자르기!

워낙에 라면을 최고의 요리로 꼽으며 어떤 맛있는 음식이 있어도 라면 보다는 못하다는 라면 사랑이 대단한 아들이니 매 끼니 담백한 나물 위주의 밥상을 향한 불만은 어쩌면 당연한 것이다.

→ 아들은 라면을 최고 요리로 꼽는다. / 어떤 맛있는 음식이 있어도 라면보다는 못하다고 한다. / 매 끼니 담백한 나물 위주로 밥상을 차려 주었으니 불만이 당연했다.

3. 어렵고 딱딱한 표현은 쉽고 부드럽게!

특수 상황에 의한 임시 거주이니 그 정도는 이해해주기로 했다.

→ 피치 못할 상황으로 잠깐 머무른다고 하니 이해해주기로 했다.

그 우체국은 지도에 주소가 기재되어 있지 않아서 찾기가 힘들다.

→ 그 우체국은 지도에 주소가 쓰여 있지 않아서 찾기가 힘들다.

4. 뭉뚱그리지 말고 구체적으로!

공원에는 정말 다양한 사람들이 모여 있었다.

→ 파고다 공원에는 이십 대부터 칠십 대 노인까지 다양한 연령대 사람들이 모여 있었다.

오랜만에 만난 선생님과 이런저런 대화를 나누었다.

→ 오랜만에 만난 요가 선생님과 새로 취직한 회사 이야기를 나누었다.

나는 꽤 오랫동안 달리기를 해왔다.

→ 나는 5년 전부터 달리기를 해왔다.

나는 갑자기 기분이 불쾌한 것 같았다.

→ 나는 갑자기 기분이 불쾌했다.

5. '의' 속에 숨은 동사를 찾아라!

아버지는 할머니의 잔치국수를 최고로 꼽는다.

→ 아버지는 할머니가 요리한 잔치국수를 최고로 꼽는다.

→ 아버지는 할머니가 끓여주신 잔치국수를 최고로 꼽는다.

→ 아버지는 할머니가 말아주신 잔치국수를 최고로 꼽는다.

3장

주고받는 문장을 깔끔하게

이게 말이야, 글이야 :
지금은 말글 시대

종일 떠들어댄 것 같은데 목은 멀쩡하고 손가락만 얼얼하다. 오후 서너 시쯤 되면 그제야 기억이 났다는 듯 "아아, 말하자 말. 하나둘, 하나둘" 혼자서 입 밖으로 소리를 내뱉어본다. 혹시 윗입술과 아랫입술이 붙어버린 건 아닐까 입을 쩍 벌려본다. 반나절 동안 끊임없이 사람들과 대화했는데 입은 처음 연 것이다.

아침에 눈을 뜨면 침대맡 협탁을 더듬어 스마트폰부터 찾는다. 이미 그룹 채팅방들에 빨간 알림 표시가 들어와 있다. 하나하나 열어 글을 확인한다. 밤사이 글쓰기 모임원이 올린 질문은 없었는지 살핀다. 글쓰기 과제 지문을 오해하고 블로그에 엉뚱한 글을 쓴 사람에게는 비밀 댓글로 일러준다. 이메일로 들어온 비즈니스 문의에 성심성의껏 답장을 써서 보낸

다. 인스타 DM으로 들어온 스팸 메시지를 삭제한다.

회사에 출근하지 않는 프리랜서라 미팅이 있는 날을 빼고는 사람 마주할 일이 잘 없다. 사회적 거리 두기에 익숙해져서 만남 자체도 줄었고, 거리 제약이 없는 ZOOM 모임이 편하다. 일할 때는 전화보다는 이메일, 노션을 주로 쓴다. 오랫동안 보지 못한 지인들과는 만나서 커피 한잔을 하는 대신 기프티콘을 선물하고 카톡방에서 수다를 떤다.

갈수록 말보다 글로 하는 대화량이 많아지고 있다. 내가 매일 주고받는 수많은 단어와 문장이 말인지 글일지 헷갈릴 지경이다.

말과 글, 대체 무엇이 같고 다른가? 우선 둘 다 '소통'이 목적이다. 발화자와 수신자, 작가와 독자가 메시지를 주고받는다. 자신의 의도를 가능한 오해 없이 전달하고 싶고 그러려고 노력한다. 말과 글 모두 말투, 글투에서 그 사람의 성격이나 가치관 등 내면이 묻어난다. 얼굴은 몰라도 문장 대화를 나누면 그 사람 이미지가 그려진다.

다른 점도 많다. 말은 순간적이고 실시간으로 오가는 반응이 있다. 억양, 어조와 같은 반언어적인 표현뿐만 아니라 표정이나 제스처 같은 비언어적 요소까지 합세하니 오해를 만들 여지가 적다. 대신 한 번 입 밖으로 나온 말은 주워 담지 못한다. 글과 달리 고치지 못하는 것이다. 연설이나 강연을 제외하고는 두 사람 이상이 주거니 받거니 대화를 이어가야 하니 보통 순발력과 임기응변에 강한 사람이 화술에 능하다.

글은 퇴고를 거친 후 정제되어 독자를 만난다. 빠르게 증발하는 말과는 달리 읽는 사람도 시간 여유가 있다. 이해가 안되면 몇 번이고 다시 읽을 수 있다. 순발력이 부족해도 충분히 퇴고해서 글의 완성도를 높일 수 있다. 글을 공유하는 작가와 독자는 서로 다른 시공간에 존재하니 말보다는 친밀성이 떨어진다. 오로지 보이는 것은 글자뿐, 정갈하게 정리하지 못하면 오해를 사기 쉽다.

그 사이에 '말글'이 있다. 이미 80여 년 전, 이태준 선생은 '글이 아닌 말을 지어라'하며 《문장강화》에서 말글에 가까운 개념을 말씀하셨다.

문장은 어떤 것이든 언어의 기록이다. 그러기에 '말하듯 쓰면 된다.' '글이란 문자로 하는 말이다.' 하는 것이다. 글은 곧 말이다.

— 이태준, 《문장강화》, p.19

말글은 말을 그대로 받아쓴 듯 자연스러운 글을 뜻한다. 구어체라고도 부른다. 방송작가가 쓰는 글을 흔히 말글이라고 불렀다. 가령, '그는 노래 실력이 가수처럼 뛰어납니다.'라는 문장을 말글인 방송 글로 표현하면 '노래 실력이 가수 뺨치네요!'쯤 되겠다. 말글은 대개 짧다. 예를 들어, '자헌아, 오늘 점심밥은 먹었니?'라는 문장을 말글로 쓰면 '밥은?'이 된다. 또한 말글에는 표정과 감정을 대신하는 감탄사가 자주 끼어든다.

- 우아, 정말 감사합니다.
- 어머, 진짜야?
- 헉, 그랬군요.
- 오호 이해했어.

나는 방송 글과 더불어 문자나 이메일, 실시간으로 채팅창에서 주고받는 글을 말글로 부르고 싶다. 말과 글의 특성을 모두 품고 있기 때문이다.

특히 채팅창 안에서 주고받는 말글은 말처럼 실시간으로 양방향 소통하지만, 글처럼 전송 직전까지 퇴고할 수 있다. 그러니 말이 서투른 사람도 노력하면 말글은 잘 쓸 수 있다. 물론, 너무 오랜 시간 답변을 지체하면 상대방이 닦달하거나 대화 주제가 바뀌어버리겠지만.

친구 사이에 퇴고까지 하며 채팅을 나누는 사람은 없을 테고 그럴 필요도 없다. 하지만 초면이라거나 아직은 설익은 관계, 무언가를 요청하거나 부탁해야 하는 사이라면 조심스러운 편이 낫다. 말을 내뱉듯 날 것 그대로 카톡 채팅창에 치고 '아차!' 하고 손가락이 미끄러지는 순간 '안 읽음' 표시 '1'은 사라져 버리니 말이다. 틀린 맞춤법과 어긋난 주술 호응, 핵심에서 벗어난 두서없는 문장을 상대는 읽어버렸다. 분하다! 당신은 원래 그런 사람이 아니다. 블로그에 글을 올릴 때 최소 두 번 이상 퇴고를 하고, 회사에서 기획안을 쓸 때는 몇 번이고 내용을 다시 확인하며 꼼꼼하게 오류를 바로잡지 않는가.

자주 접하는 말글로 상대방을 판단하는 일이 많아졌다. 말글 속에도 얼마든지 당신의 매력, 논리 정연함, 프로정신, 품격을 담을 수 있다. 그 시작은 어렵지 않다. 상대를 배려하는 마음으로 한 번 더 확인하고 고치는 것이다.

잠이 들기 전까지 우리는 채팅창 안에서 말글로 소통한다. 가끔은 손바닥만 한 스마트폰이 광막한 우주처럼 느껴진다. 작은 네모 안에 가족, 친구, 상사가 마치 실제로 거주하는 것 같아 섬뜩하다. 수 없는 말글이 스마트폰이라는 검은 우주 속을 빙빙 떠돌고 있다. 말처럼 증발하지 않고 차곡차곡 쌓이고 있다.

어른의 문장은,
말과 글의 장점을 두루 갖췄다. **"**

마음을 얻는 첫 만남 :
호감 주는 인사와 자기소개

나는 가끔 이런 문자메시지들을 받을 때가 있다.

- 그날 감사했습니다.
- 이번은 어렵게 됐네요. 다음 기회에 뵈어요.
- 회비 입금했습니다.
- 그날 못 봐서 너무 아쉬워요~ 하필 병원에 가는 날이라

그러면 이렇게 답할 수밖에 없다.

넵. 그런데 죄송하지만 누구시죠?

휴대폰 번호가 저장되어 있거나 여러 번 연락한 사이라

면 그런 일이 없을 텐데 난감한 상황이다. 일일이 예전 대화 기록을 뒤져보지만 카톡방에서 나왔거나 문자를 지웠다면 확인할 길이 없다. 블로그 댓글도 마찬가지다. 처음 보는 닉네임이 오랜 친구처럼 살갑게 댓글을 달면 누군지 알아내려고 그 사람 블로그에 들어가서 일일이 올린 글들을 읽으며 머리를 싸맨다. (궁금한 건 못 참는 스타일) 끝끝내 누구인지 힌트를 찾지 못하고 뻘쭘하게 대댓글을 단다. '넵, 그런데 누구시죠?'

'안녕하세요, 저는 누구입니다'만 있어도 서로 수고와 통신비를 던다. 예의 바르고 친절한 사람이 된다. 하물며 어린아이들이 하는 게임도 "아이엠 그라운드 자기소개하기!"로 시작하지 않는가.

자, 오늘부터 모두 '아이엠그라운드병'에 걸리는 거다. 매일 연락하는 사이가 아니라면 카톡으로 말을 걸 때, 이메일이나 문자를 보낼 때도 '안녕하세요 저는 ○○○(이름)입니다'로 첫 문장을 시작하는 것이다. 바빠죽겠는데 별것 아닌 일로 예민하게 군다고 생각할 수도 있다. 하지만 상황이 급할수록 더더욱 아이엠그라운드병에 걸려야 한다. 그래야 상대방에게 빠른 응답을 받는다.

나는 상대방에게 이의를 제기하는 대화를 시작할 때마저 '안녕하세요'를 붙인다. '안녕하세요'로 문장을 시작하면 자동으로 내 이름을 밝히게 되므로 평정심을 유지하기 좋다. '안녕하세요. 김선영입니다. 보내주신 자료가 말씀하셨던 내용과

달라서 연락드렸습니다.'

내가 잘못했거나 불리할 때는 말할 것도 없이 '안녕하세요'가 필요하다. 말 한마디로 천냥 빚을 갚는다는 옛말에서 '한마디'는 '안녕하세요'일 확률이 높다. 안 될 일도 되게 만드는 마법 같은 말이다. 교환이나 환불 기간이 지난 물건도 '안녕하세요' 덕에 원하는 대로 처리된다.

나는 올해 초 미니멀하게 살아보겠다고 '한 번도 안 한 사람은 있어도 한 번만 한 사람은 없다'는 중고 거래에 처음 발을 들였다. 놀랍게도 물건을 올린 지 5분도 안 돼 앱에 채팅 메시지가 떴다. '절대 호락호락한 판매자로 보이지 않겠어!' 괜스레 씩씩거리며 창을 열어본다. (하지만 현실은…) 내가 받았던 채소마켓 채팅창 첫 문장 유형은 이렇게 나뉜다.

① 거래되나요?

② 상태는 어떤가요? 가격이 너무 세네요.

③ 안녕하세요. 제가 구매하고 싶습니다.

④ 위치가 어디죠? (답장 보내면 연락 두절)

⑤ 네고 안 되나요? (네고 안 된다고 써놨음)

이제는 첫 문장만 봐도 이 사람과 거래가 성사가 될지 안 될지 감이 온다. 우연의 일치라기엔 너무 자주 ③번, '안녕하세요'로 채팅을 시작한 이는 매너가 좋고 '쿨거래' 확률이 높았다.

바쁜 현대사회에서 효율을 따지다 보면 생략해야 할 단계가 많다. 보통 실용문이나 비즈니스 문서는 문장을 쓸 때 군더더기를 빼고 두괄식으로, 핵심만 간결하게 쓰기를 지향한다. 나 역시 정확한 소통을 최우선으로 여기기 때문에 수사를 최대한 덜어내고 문장을 경제적으로 쓰는 편이다.

그러나 소통하는 문장에서는 '안녕'하냐는 인사 정도는 나누고 대화를 시작했으면 하는 아쉬운 마음이 들었다. 형식적일지언정 얼굴이 보이지 않는 상대가 마음의 준비를 하게끔 작은 호의를 베푸는 것이다. 나도 상대방도 기분이 산뜻하다. 대화가 한결 부드럽게 흘러갈 것이다.

'안녕하세요' 하는 짧은 인사와 자기소개는 생각보다 많은 의미를 담고 있다.

'나는 당신을 존중합니다'

'나는 당신에게 나쁜 감정이 없어요'

'나는 아직 당신을 잊지 않았어요'

'나는 지금 당신과 대화를 하고 싶은데, 당신은 준비가 되었나요?'

어른의 문장은,
인사와 자기소개로 예의를 갖춘다.
99

모호한 대답은 금물 :
오해 예방법

점심시간, 친구 J에게서 카톡이 왔다.

> 나 아무래도 회사에서 왕따인 듯 ㅠㅠ

> 무슨 소리야. 네가 왜 왕따야.

> 단톡방에서 팀장님이 12시에 밥 먹으러 갈 사람 있냐길래 나도 간다고 했거든? 근데 잠깐 화장실 간 사이에 나만 빼놓고 다 나가버렸어.

> 설마 일부러 그랬겠어.

J는 억울하다는 듯 그룹 채팅방 메시지 화면을 캡처해서 나에게 보여주었다.

[마케팅1팀 그룹 채팅]

나 팀장 : 12시에 밥 먹으러 가려고 하는데 시간 되는 분?

J : 저는 괜찮아요

J만 모르는 이유를 발견했다. '저는 괜찮아요'는 전혀 안 괜찮은 모호한 대답이다. 시간이 괜찮다는 것인지, 완곡한 사양의 의미인지 사람마다 해석하기 나름이다. 한 시간 후, J에게서 다시 온 안도의 메시지.

네 말이 맞았어! 팀장님은 내가 밥 안 먹겠다는 뜻인 줄 알았대.

'고맥락 문화'인 우리나라에는 모호한 표현이 많다. '괜찮아요'가 정말 괜찮은 건지, '내가 또 잘못했네'가 탄식인지 비아냥인지 문장만 봐서는 정확하게 판단하기 힘들다. 보통은 앞뒤 맥락을 살펴서 그 뜻을 헤아리면 되는데 위 상황처럼 맥락 없는 짧은 대화에서는 오해가 불거지기 좋다.

문장 소통에서 오해를 막으려면 어떻게 해야 할까? 먼저, 메시지를 보내기 전 상대와 입장을 바꾸어 생각해본다. 상대가 한 말을 내가 하고, 반대로 내가 한 말을 상대편이 했다고 가정하고 읽어보면 문장의 의도가 한층 더 명확히 보인다. 잘못 해석할 여지가 있는 부분도 늦기 전에 발견할 수 있다. 그러면 한 마디 더 덧붙이는 것이다. 예를 들어, 위와 같은 대화 상황이라면 '저는 (시간) 괜찮아요. (메뉴는 무엇인가요?)'처럼 괄호 속 내용을 추가한다. 메뉴가 궁금하다는 것은 가겠다는 의사를 뒷받침한다.

가장 깔끔한 방법은 애초에 중의적인 표현을 쓰지 않는 것이다. 상사에게 '회의실 도착했는데 아직 팀원들이 다 안 왔습니다'라는 메시지를 보내서 불필요하게 심기를 건드리지 말자. 팀원 중 일부만 도착했다는 뜻인데 열 사람 전부 안 왔다고 받아들일 수도 있으니 말이다. 중의적인 의미를 담은 '다 안 왔다'라는 표현 대신 '다는 안 왔다' 혹은 '7명이 왔다'라는 식으로 작성하면 된다.

또, 문장 대화를 일단 시작했으면 흐지부지하지 말고 정확하게 끝맺는 것도 중요하다. 예를 들어, 어떤 일의 담당자를 정하는 상황에서 아래와 같은 채팅 대화가 오갔다면?

보고서 정리는 누가 할까요?

지난번엔 김 대리님이 했으니 이번에는 제가 할게요.

아니에요. 이 대리님은 내일까지 만들어야 할 회의자료도 있잖아요.

그래도 또 김 대리님이 하기는 좀 그렇죠.

에이 뭘요. 항상 저보다 이 대리님이 애 많이 쓰시죠.

훈훈한 분위기로 마무리된 대화. 자, 그래서 보고서 정리
는 도대체 누가 하는 걸까. 보고서 마감날, 각각 김 대리와 이
대리가 만든 두 편의 보고서가 탄생하거나 '당신이 하기로 했
잖아!' 하는 불편한 상황이 생기지 않길 바랄 뿐이다.

반면 문자의 모호함을 교묘하게 활용하려는 영악한 사람
도 있으니 조심할 것! 화제의 드라마 《나의 해방일지》의 한 장
면을 보고 나는 실소를 터뜨렸다. 여자친구가 새벽에 다른 남
자에게 '보고 싶다'라고 보낸 메시지를 발견한 염창희는 적반
하장 하는 그녀에게 따져 묻는다.

"넌 상냥해 보이고 싶어서 아무 남자한테 보고 싶단 말도
막 하고 그러냐?"

"보고 싶다는 말이 뭐? 난 BTS도 보고 싶고, 우리 할머니
도 보고 싶고, 삼촌도 보고 싶고, 보고 싶은 사람 엄청 많아. 넌
보고 싶은 사람 없어? 넌 보고 싶단 말도 안 하고 사냐?"

어른의 문장은,
모호한 표현을 피하고 정확하게 마무리한다. 99

win-win하는 대화의 비밀 :
제대로 질문하기

주말 밤, TV채널을 돌리다가 한 예능 프로그램에서 리모컨을 멈췄다. 일반인이 이사 갈 집을 의뢰하면 연예인들이 대신 찾아주는 형식이었는데 그야말로 모두의 로망인 집들이 줄지어 등장했다. 갤러리를 방불케 하는 층고 높은 복층 집, 새소리가 지저귀는 테라스 아파트, 프라이빗 노천탕을 품은 전원주택까지. 탄성이 절로 나오는 집들을 구경하다가 문득 궁금증이 일었다. "저 중에서 한 곳 살게 해준다고 하면 어떤 집에서 살고 싶어?" 마치 고르기만 하면 내 집이 되는 것처럼 남편과 둘이 황홀한 상상을 펼치고 있는데, 패널로 앉아 있던 건축 디자이너의 말이 귀에 들어왔다.

"저는 집을 지을 때 의뢰인과 한 달 넘게 술을 마셔요. 수다도 떨고 질문을 많이 해요. 그렇게 대화하다 보면 그 사람의

라이프 스타일이 보이거든요. 자기 전에는 침대에 누워 책을 본다든지, 거실에서 혼술 한잔을 즐긴다든지. 그런 것들을 반영해서 집을 지어요."

역시 프로는 다르구나, 감탄이 나왔다. 살고 싶은 집, 좋은 집이라고 하면 으레 떠올리는 그림이 있다. 답답한 도심을 벗어나 산자락에 고즈넉하게 자리 잡은 전원주택, 혹은 한강을 바라보는 고층 럭셔리 아파트라거나. 보통은 번지르르한 외형, 넓고 세련된 공간을 떠올린다. 하지만 집이란 무엇인가. 일상에서 가장 많은 시간을 보내는 공간이니만큼 '개인'을 담아야 한다. 침대맡에서 책을 읽으려면 가까운 곳에 독서 등이나 스위치가 있으면 편할 것이고, 탕욕을 즐기는 사람이라면 욕조를 크게 짓는 등 취향을 반영하는 것이다. 비용 문제는 우선 차치하고 말이다.

디자이너는 수많은 질문을 한 덕분에 의뢰인에게 더없이 만족스러운 집을 지어주었을 것이다. 의뢰인에게만 좋은 일이 아니다. 디자이너 역시 뿌듯한 성취감으로 보답받았을 테니.

서로가 win-win하는 대화에는 반드시 질문이 들어 있다. '대충 알아들었겠지' '다들 그러니까' 식으로 속단하고 넘기면 오해가 쌓이거나 실망스러운 결과를 낳기 쉽다. '내 생각이 전부가 아니다, 틀릴 수 있다'라는 겸손한 태도가 궁금증을 불러온다. 물어보는 방법도 중요하다. 어떻게 물어보느냐에 따라 대답의 질과 방향이 달라지기 때문이다. 어른의 문장으로 질문하는 방법은 다음과 같다.

1. 구체적으로 묻는다

한번은 내가 운영하는 글쓰기 상담 그룹 채팅방에서 이런 질문을 받은 적이 있다. '제 글 좀 봐주실 수 있나요?' 그는 자신이 작문한 짧은 글을 채팅방에 수줍게 올렸다. 글을 잘 쓰고 싶어서 채팅방에 입장했을 테고, 제삼자의 눈으로 객관적인 평가를 받고 싶어서 용기 냈을 것이다. 하지만 '봐달라'는 말은 모호했다. 예를 들어, '가장 먼저 고쳐야 할 점은 무엇일까요?' '이 글은 ~~한 주제로 쓴 글인데 주제가 잘 드러났나요?' '제 글이 밋밋해 보이는 이유가 무엇일까요?'처럼 알고 싶은 부분을 콕 집어서 물었더라면 더 만족스러운 대답을 얻지 않았을까.

'예, 아니오' 식으로 대답하게 만드는 닫힌 질문보다는 열린 질문이 좋다고 말하지만, 열린 질문이 추상적인 질문을 의미하지는 않는다. 작고하신 이어령 선생님도 큰 질문을 경계하고 작은 질문을 하라고 강조하셨다.

추상적이고 큰 질문
- 제 글이 어떤가요?
- 행복이 무엇일까요?
- 음악 좋아하세요?

구체적이고 작은 질문

- 제 글의 주제가 잘 드러났나요?

- 주로 무엇을 하고 있을 때 기분 좋으세요?

- 요즘 즐겨듣는 국내 가수 음악이 있나요?

2. 내가 이해한 내용을 설명하며 묻는다

상대방과 채팅을 나누다가 '내가 지금 이해한 내용이 맞는 건가?' 하는 의문이 들 때가 있다. 가령, 교수님이 '앞으로 두 달간 격주 화요일마다 리포트 과제를 제출하고 마지막 주에는 발표합니다'라고 보낸 메시지를 읽고 머릿속에 지진이 났다면?

그럴 땐 그냥 넘어가지 말고 '내가 지금 이해한 내용'을 설명해서 질문하면 좋다. '교수님, 마지막 주 화요일에도 리포트를 써서 제출하고 그 리포트를 바탕으로 발표를 하라는 말씀이지요?'하고 내가 이해한 바를 재확인하는 차원에서 질문하는 것이다. '나만 이해력이 떨어지나?'라고 눈치 볼 필요 없다. 보통 내가 혼란을 느끼면 다른 사람도 비슷한 고충을 겪고 있을 확률이 높다. 불확실한 의사소통을 해결하려고 묻는데 상대의 수준을 얕잡아볼 사람은 없다. 오히려 긴가민가하고 넘어갔는데 문제가 터지면 주워 담기 힘들다.

3. 순서를 정해서 한 번에 묻는다

물어볼 내용이 여러 가지라면 마구잡이로 질문하지 말고 순서를 정해서 한 메시지에 보내는 것이 좋다. 답변할 사람은 우선순위를 생각하면서 비슷한 유의 질문은 묶어서 답하거나 생략할 수 있기 때문이다. 특히 그룹 채팅일 경우 질문을 잘게 찢어서 보내면 대화들 사이에 내용이 섞여서 묻히는 일도 있으니 유의하자.

예를 들어, 낯선 곳에 찾아가는데 주차 방법이 궁금하다면? 머릿속에 이런 질문들이 떠오를 것이다.

- 건물 안에 방문자 주차가 되려나?
- 초보운전이라 불안한데 발렛 서비스가 되면 좋을 텐데.
- 만약에 방문자는 주차 금지라고 하면 어쩌지?
- 근처에 공영주차장이 있으면 다행이지만.

의식의 흐름대로 질문을 하나씩 던질 게 아니라, 순서를 정리해서 한 메시지 안에 보내는 것이다.

내일 방문 시 주차 문제로 궁금한 점이 있어요.

1. 건물 내 방문자 주차가 가능한가요?

2. 주차가 서투른데 혹시 발렛 서비스가 되는지요?

3. 방문자 주차가 가능하지 않다면 근처에 공영주차장이 있나요?

우선 주차 가능 여부를 첫 번째로 묻고, 된다는 전제하에 발렛 서비스 여부를 묻는다. 마지막으로 안 될 경우를 대비해 대안을 제시하며 물어보는 순이다. 호스트는 메시지를 발견하는 대로 친절하게 답장을 줄 것이다.

어른의 문장은,
핵심을 관통하는 질문이다.

99

소통은 타이밍이다 :
끝까지 듣고 반응하기

'한국말은 끝까지 들어봐야 안다'라는 말은 어른의 문장을 쓸 때도 기억해두면 좋은 말이다. 처음 꺼낸 이야기와 다른 반전이 출현할 수 있다는 뜻으로 보통 쓰이는데 나는 다른 의미에서 이 말의 무게를 체감한 적이 있다.

몇 개월에 걸쳐 온라인 글쓰기 모임을 마치고 난 후 그룹 채팅방 안에서 진행 방법에 대한 피드백을 나누는 시간이었다. 회원 한 분이 '질문하는 공간이 따로 있으면 더 좋을 것 같다'라는 의견을 냈다. 나는 갸우뚱했는데 이미 수시로 그룹 채팅방에서 대화를 나누고 있었고, 공지 글에도 '궁금한 점은 언제든 톡방에 문의하세요'라고 올려두었기 때문이었다.

'궁금한 점을 그동안 묻지 못하고 혼자 애태우셨구나' 나는 안타깝기도 하고 살짝 억울한 마음도 들어 다른 회원들 의견을 듣기 전에 '언제든 궁금하면 질문하시라고 공지 사항에 올려뒀고 단톡방에서도 매일 소통했는데 물어보지 그러셨냐'고 물었다. 그는 멋쩍어하며 공지 사항을 제대로 읽지 않았다고 고백했다.

　문제는 그와 이런 대화를 주고받은 후였다. 이모티콘 하나 없는 나의 문장이 추궁처럼 느껴진 걸까, 그룹 채팅방 안의 다른 회원들이 우물쭈물하며 소감을 남기기 불편해하는 느낌이 들었다. 본의 아니게 '왠지 솔직하게 털어놓으면 안 될 것 같은' 분위기가 형성되어버린 것이다. 나는 대화 도중에 그에게 질문한 것이 후회됐다. 모두의 소감을 들어본 후, 마지막에 내 의견을 말했더라면 더 다양하고 진솔한 이야기를 들어볼 기회였는데 아쉬웠다.

　한 마디로 나의 문장이 투명한 소통이 오가는 것을 방해하는 '오염물질'이 된 것이다. 나는 순수하게 영문을 물어본 것뿐이지만 대답할 차례에 놓인 다른 사람들에게 그것은 부정적인 정보가 됐다. 만약 다 같이 얼굴을 보고 이야기하는 자리였다면 조금은 다르지 않았을까. 서로의 표정을 관찰할 수 있으니 말이다.

　나는 이해가 안 가거나 의아한 것이 생기면 바로 그 자리에서 물어보고 답을 얻어야 속이 편한 사람이었다. 하지만 정말 원하는 것이 있다면 말하기 좋은 타이밍을 기다릴 줄도 알아야 한다는 사실을 깨달았다.

또 시간이 지나서 생각해보니, 내향적인 그는 그룹 채팅방 리더인 내가 먼저 1:1 채팅으로 다가가 '그동안 궁금한 점은 없었는지' 물어봐주길 바랐던 거 같다. 대면이 아닌 문장만으로는 섬세한 소통이 어려운 사람도 있던 것이다.

상대방의 본심을 알고 싶다면 중간에 끼어들어 대화 흐름을 오염시키지 말아야 한다. 끝까지 모두 들어보고 내용을 충분히 헤아린 다음 내 이야기를 꺼내도 늦지 않다. 오히려 그렇게 했을 때 더 많은 정보를 입수해 내 문장을 논리적으로 펼칠 수 있다.

대화 도중 의견 표출을 오염물질이라고 표현한 이유는 상대가 하던 원래의 생각이나 뜻을 흐리거나 변형시키기 때문이다. 우리는 누구나 영향받기 쉬운 사람인지라 어떠한 사안에 특별한 생각이 없더라도 대세가 그렇다면 흔쾌히 따르거나 자신 역시 예전부터 그렇게 믿고 있었다고 판단하는 경우가 종종 있다.

뇌과학자 개리 마커스Gary Marcus의 책《클루지》에는 재미있는 실험 하나가 나온다. 설문 조사에서 "당신은 행복한 삶을 살고 있습니까?"라는 질문과 "당신은 지난달에 데이트를 몇 번 했습니까?"라는 질문 중 무엇을 먼저 하느냐에 따라 답변 내용이 달라졌다는 것이다. 데이트를 몇 번 했는지를 먼저 물을 경우, 응답자들은 데이트 횟수를 행복한 삶의 기준으로 놓았다.

내 생각은 고정돼 있고 언제나 흔들리지 않는다고 믿지만 사실은 그렇지 않다. 그 순간 기분, 환경, 말의 영향을 받는다. 그러므로 문자로 실시간 채팅할 때, 정말 솔직하고 온전한 의중을 알고 싶다면 오염물질이 될 수 있는 문장을 최대한 줄이는 것이 좋다.

어른의 문장은,
최적의 타이밍을 놓치지 않는다.
99

1:1과 그룹 채팅의 운영 팁 :
무엇이 같고 다른가

코로나가 확진자와 뱃살만 늘린 것이 아니다. 그룹 채팅
방 수를 늘렸다.

사람 간의 만남은 시공간을 초월했고 전국 각지, 해외에
서도 실시간으로 함께 대화한다. 친한 친구 너덧이 만든 그룹
채팅방이 있는가 하면, 천 명이 넘는 인원이 모여 있는 작가
구인구직방도 있다. 그룹 채팅은 리더가 있는 방과 없는 방으
로 나뉘기도 한다.

그룹 채팅은 1:1 채팅과는 여러 면에서 다르다. 한 사람
이 다수를 상대하니 유념할 점이 더 많다. 나는 글쓰기와 책
모임 등을 운영할 때 대부분 카카오톡 그룹 채팅방으로 소통
했다.

직장인 역시 사내 그룹 메신저나 그룹 채팅방을 수시로

사용할 것이다. 얼굴을 맞대는 대신 그룹 채팅방에서 회의하고, 공지하고, 의사결정을 한다. 글이나 사진, 동영상을 공유하고 반가운 소식이 있는 사람은 함께 축하한다.

나는 3년 동안 그룹 채팅방을 운영하며 시행착오를 꽤 겪었다. 내 실수와 어설픔으로 일궈낸 소소한 그룹 채팅 노하우가 어른의 문장을 쓰는 데 보탬이 되길 바라며 부끄럽지만 소개해본다. (리더의 애로사항도 조금은 헤아려주시길)

우선, 오프라인에서와 마찬가지로 리더 자리는 망망대해에 홀로 서 있는 등대처럼 외롭다는 사실을 알아두자. 공지사항을 외치고 참여를 유도하는 메시지를 남겨도 침묵의 바닷속으로 가라앉는 일이 허다하다. '내가 말실수를 했나' '너무 명령조였나' '혹시 그룹 채팅방에서 나가고 싶은 건 아닐까'까지.

걱정은 자가 증식하며 점점 불어나다가 망상에 휩싸인다. 진정하자. 그들은 단지 바쁠 뿐이다.

누군 안 바쁜가! 다들 바쁜 사람들이다. 그룹 채팅방에서 그들이 더 바쁜 이유는 하나뿐이다. '나한테만' 하는 말이 아니니까.

나에게 하는 말이면 즉시 확인하고 답할 것도 '누군가 대답하겠지'하는 마음으로 채팅창을 꺼버린다. 그룹채팅방에서 재깍 대답하는 이는 엘리베이터를 탔는데 닫힘 버튼을 누르지 않는 사람을 발견하는 것만큼 희귀한 일이다. 적극적으로 대답해주는 분들, 눈물겹게 고맙다.

답변을 들으려고 애쓰기보다는 공지 내용을 구체적으로 정해서 알려주는 편을 추천한다. 예를 들어 독서 모임 그룹 채팅방에서 민주적인 절차를 위해 '여러분, 모임 며칠 전까지 서평을 제출하면 좋을까요?'라고 물으면 잘해봐야 '그러게요, 언제가 좋을까요'라는 답변을 듣고 대부분은 반응이 없을 것이다.

반면, '서평은 토요일 밤 9시 전까지 톡방에 올려주세요'라고 정확히 공지하면 8시 40분부터 침묵의 바닷속에서 하나둘 서평이 떠오를 것이다. 조율이 필요하다고 생각하는 이가 있다면 그 전에 '토요일 말고 일요일은 어떨까요?' 하는 메시지가 올 테니 미리 걱정할 필요 없다.

만약 채팅방 안에서 누군가에게 꼭 대답을 받아야 하는 상황이라면 '@무지개 님이 이번 모임 발제를 맡아보시겠어요?'하고 지목하거나 따로 1:1 채팅을 걸어서 확답을 받는 게 안전하다. 침묵을 수긍으로 받아들였다가 나중에 생각지 못한 결과를 맞닥뜨리고 화들짝 놀라기 싫다면 말이다.

그룹 채팅방에 사람들을 초대하기 전에 미리 공지 사항을 써서 띄워두는 등 준비해놓는 게 좋다. 예를 들어, 스무 명을 그룹 채팅방에 초대했는데 새로운 사람이 들어올 때마다 일일이 인사를 나누고 공지를 하면 혼란스럽다.

안 읽은 메시지 수가 계속 쌓이면 스마트폰에 자꾸 신경이 쓰이니 사람들을 불편하게 한다. '인원이 모두 모이면 인사와 자기소개를 하겠습니다. 조금만 기다려주세요'라고 공지를 달아놓으면 된다.

요즘은 '방장봇' 기능이 생겨서 사람이 들어올 때마다 자동으로 알림을 띄워주니 편리하다.

단체생활에는 규칙이 존재한다. 온라인 그룹 채팅방도 예외가 아니다. 소소하게 친구끼리 친목으로 모인 자리는 상관없지만, 익명의 다수가 참여하는 오픈채팅방이라면 이야기가 다르다. 어떤 사람이 어떠한 경로로 입장하는지 모른다.

처음부터 그룹 채팅방 규칙을 정해놓지 않으면 불미스러운 사건이 생기기도 하고 책임은 리더가 떠안는다.

규칙은 적을수록 좋다. 금지 글과 강제 퇴장 규칙이면 충분하다. 그룹 채팅방에 올리면 안 되는 부류의 내용, 예를 들어 사적인 이익을 노린 홍보 글이나 포교 글이 있다. 이와 관련된 규칙을 세 번 이상 어겼을 시 강퇴를 시키는 식이다.

어느 그룹 채팅방에서나 두루 활용 가능한 공지 양식을 소개한다.

[공지 : 꼭! 읽어주세요]

1. 쉿! 아직은 조용한 방이에요. 모두 모이면 인사와 자기소개를 나눌게요.

2. 대화명은 '실명(닉네임)' 형식으로 통일해주세요. 예: 김선영(글밥)

3. 격주 목요일 저녁 9시에 zoom에서 만나 독서 모임을 합니다.

4. 모임 주 수요일 저녁 8시까지 서평을 써서 그룹 채팅방에 공유해주세요.

5. 독서 모임과 관련 없는 사적인 홍보, 포교 활동을 자제해주세요.

6. 5번을 3회 이상 어길 시 그룹 채팅방에서 퇴장시킬 수 있습니다.

어른의 문장은,
원칙과 리더십을 지킨다.

99

'무슨 말이야 ㅠㅠ' 듣지 않으려면 : 불필요한 정보 빼기

　　우리 부부는 가치관은 비슷하지만 성격이 정반대이다. 나는 마음에 없는 소리를 잘 못 하고 꼭 필요한 말만 하는 반면, 남편은 상대방의 기분을 살펴 가며 대화를 진행하는 편이다.(그렇다, 남편이 훨씬 착하다) 그러다 보니 내 입장에선 '고구마' 같은 에피소드가 종종 생기는데 남편과 나눈 카카오톡 채팅 내용을 하나를 살펴보자. 읽기 전에 시원한 사이다 한 캔을 따서 얼음 잔에 부어놓기!

> 남편 : 홍석이 형이 금요일 밤늦게 보자네! 출장 가는데 좀 늦게 마치나 봐. 각자 저녁 먹고 제민이네 사무실 쪽에 가서 얘기나 좀 나누고 헤어지자네.

나 : 저녁을 각자 먹는 거면 집에 와서 나랑 먹는다는 뜻이야?

남편 : 응 나랑 같이 저녁 먹으면 돼. 주말에 제민이가 홍석이형한테 가려고 했는데 마침 홍석이형이 올라온다네.

나 : 오호 그렇구나.

남편 : 한 아홉 시 쯤에 서울로 올라갈건가 봐. 난 막차타고 내려오기로.

나 : 누가?

남편 : 홍석이 형이~ 우리집 근처로 출장 온대. 나 픽업해서 간대.

나 : 무슨 말이야, 이해가 안 돼 ㅠㅠ 자기 동선만 알려주면 안 될까?

남편 : 아 홍석이 형이 저녁 8시쯤 나 태워서 제민이네 사무실 쪽으로 올라가겠대. 나는 막차 타고 집으로 돌아올게.

'각자가 누굴 뜻하는 거지?' '제민이 사무실이 어디지?' '아홉 시에 누가 올라가지?' '픽업해서 어디를 간다는 거지?' 대화를 나누는 동안 내 머릿속에는 끊임없이 물음표가 생성됐다. (해석하는 당신도 고생했다) 마지막 메시지 두 줄이면 충분했던 것을. 나의 자상한 짝꿍은 갑작스럽게 생긴 약속 정황을 처음부터 끝까지 친절하게 나에게 설명하려 했지만 소통에 실패했다. 내가 알고 싶은 내용은 그가 집으로 돌아오는 시간뿐이었다.

위 대화에서 무엇이 소음일까? '주말에 제민이가 홍석이형한테 가려고 했는데 마침 홍석이 형이 올라온다네'라는 문장은 오늘 저녁 외출한다는 상황을 설명하는 데 굳이 필요하지 않은 정보다. 다음, '한 아홉 시쯤 서울로 올라갈 건가 봐. 난 막차 타고 내려오기로'에서는 첫 번째 문장 주어가 빠져 있다. 앞에 이미 두 명의 사람이 등장한 상태라 홍석이 형이 올라간다는 건지, 제민이가 올라간다는 건지 모호하다. 또 '올라간다'는 이야기를 하다가 불쑥 '내려온다'는 말이 나오니 읽는 사람은 미궁 속으로 빠진다. 올라간다는 건 약속장소(서울)로 가는 것이고, 내려온다는 것은 집(경기도)으로 돌아오는 것을 뜻하는데 한 대화 안에서 급작스러운 내용 전환을 하는 데다 (불분명한) 주체가 두 명이나 후보로 있으니 헷갈린다.

이를 어른의 문장으로 고쳐 볼까.

'홍석이형, 제민이랑 9시쯤 서울에서 보기로 했어. 나는 집에서 자기랑 저녁 먹고 나가려고. 이야기 좀 나누다가 11시쯤 집으로 올게!'

문장 소통을 할 때 불분명한 주어나 목적어 외에 '대명사'도 소음을 유발하는 주범이다. 가령 '그때 거기 거기서 먹었던 거 있잖아'라는 카톡은 마치 이심전심 퀴즈를 내는 듯하지만 결국엔 동상이몽으로 끝나고 만다.

문장 소통을 방해하는 소음에는 형식적인 측면도 있다. 폰트나 글씨 색깔, 혹은 배경색(글자와 비슷한 색)이 소음이 되기도 한다. 최근 네이버 블로그는 명조나 고딕 외에도 개성 넘치는 다양한 폰트를 추가했다. 블로거들은 뻔하고 평범한 글꼴이 아닌 색다른 폰트를 골라서 쓰는 재미를 누리게 됐다.

　　하지만 지나침은 모자람보다 못하다. 글에서 강조하고 싶은 부분, 가령 소제목이라든가 속마음을 장난스레 표기할 때 개성적인 폰트를 사용하는 것은 좋지만 분량이 한 페이지가 넘어가는 서평 전문이 흘려 쓴 필기체나 삐뚤빼뚤한 글꼴이라면 일단 읽기도 전에 심호흡을 한 번 하게 된다. 암호를 푸는 해커처럼 두뇌를 풀가동 한다. 그럼에도 십중팔구 중간에 읽기를 포기했다. 기어이 읽고 나서도 아쉽다. 아기자기한 글씨체로 쓴 철학서 서평은 아무래도 괴리감이 들기 때문이다. 일본의 대문호인 다니자키 준이치로 역시 《문장독본》에서 "글자 형태나 소리 상태 등은 타인을 '이해시키기 위한 하나의 도구'와 같다."라고 말한 바 있다. 가독성을 해치는 폰트는 한 마디로 도구를 잘못 쓴 셈이다.

　　각양각색의 글씨체가 나와도 책이나 기사에 명조체류가 꿋꿋이 쓰이는 까닭이 있다. 아무리 쉬운 내용이라도 문장을 읽을 때는 어느 정도 집중력이 필요하다. 내용에 몰입하려면 글 해석을 방해하는 다른 자극이 적어야 한다. 눈의 피로를 줄여주는 것도 방법이다. 글씨체가 귀엽다는 이유로 긴 글 전면을 온통 '귀염뽀짝체'로 바른다면 상대방보다는 내 위주 글이라고 해석할 수밖에 없다.

카톡 대화할 때, 문장을 끊는 빈도가 너무 잦아도 소음이 될 수 있다. 한 번에 보내도 되는 문장을 카톡 알림인지 전화벨 진동인지 헷갈릴 정도로 잘게 쪼개서 보내는 이도 있다. 친구와 1:1 채팅을 하던 중, 잠깐 자리를 비운 사이 여섯 개 메시지가 도착해 있었다.

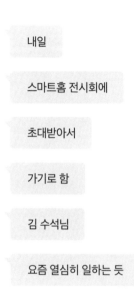

나는 이 메시지를 읽고 당연히 김 수석님이 스마트홈 전시회에 간다는 뜻인 줄 알았다. 알고 보니 스마트홈 전시회를 가는 사람은 친구였고, 옆자리 김 수석님이 요즘 열심히 일한다는 내용은 또 다른 주제의 말이었다. 1:1 채팅은 그나마 낫다. 여럿이 참여하는 그룹 채팅방이었다면 중간에 끼어드는 대화와 뒤섞여 누가 무슨 말을 했는지 더욱 어지러웠을 것이다.

내일

스마트홈 전시회에

초대받아서

스마트홈?

가기로 함

김 수석님

우아 좋겠다

나도 가면 안 돼?

요즘 열심히 일하는 듯

누가?

김 수석 님이 전시회 간다고?

아니 ——

같은 내용끼리 묶어서 보내는 게 상대방이 이해하기 편하다. 정갈하게 한 번에 보내기!

내일 스마트홈 전시회에 초대받아서 가기로 했음!

그나저나 요즘 김 수석님 엄청 열심히 일하네.

물론 한 메시지 안에 긴 문장을 너무 다닥다닥 붙여서 보내면 오히려 가독성이 떨어지기도 한다. 한 번에 보내되 말머리 숫자를 붙이고 의미 단위로 줄 바꿈을 하면 소음이 줄고 이어지는 대화에서도 매끄럽게 소통할 수 있다. 복잡한 개념이나 문장은 1, A 등으로 목록화하여 혼란한 대화문을 정리해 준다.

지저분한 장문 메시지

이번 달에 추석이 꼈는데 기획서 마감일을 그대로 하기에는 조금 벅찬 느낌이 드는데 추석 다음 주로 미루는게 어떨지. 기획서 제목은 두 가지 생각해봤는데 어른의 문장력. 그리고 당신은 어른의 문장을 쓰고 있나요? 중에서 어떤게 나아요?

정갈한 장문 메시지

두 가지 논의하고픈 내용이 있는데요.

1. 이번 달에 추석이 꼈는데 기획서 마감일을 좀 미루는 게 어때요?

2. 기획서 제목은 어떤 게 나을까요?

A: 어른의 문장력

B: 당신은 어른의 문장을 쓰고 있나요?

채팅 대화 안에 숫자나 알파벳 말 머리를 써서 내용을 간결하게 보내면 답하는 사람도 거울처럼 비슷한 형식을 취한다.

> 1. 기획서 마감일은 2주 뒤로 미루죠.

> 2. 저는 A안이 좋네요.

실시간 채팅방에서 헤매지 않고 대화하는 방법은 불필요한 정보가 내는 소음을 차단하는 것이다.

**어른의 문장에는
메시지를 가리는 소음이 없다.** 99

기분 나쁘지 않게 대화를 끝내려면 :
3단계 거절법

실시간 채팅은 서로 응답이 빨라 편리하면서도 피곤하다. 일에 집중할라치면 어김없이 카톡 알림이 울려 몰입을 깨뜨리니 말이다. PC에는 회사 업무 메신저와 개인 메시지창이 다투듯 깜박거린다. 한가하거나 머리 식힐 겸 수다가 필요한 때라면 바로 대화에 참여하겠지만 그렇지 않으면 가능한 대화를 빨리 끝내고 싶다.

대화를 주고받다 보면 '그건 아닌 것 같다' '하기 싫다'라고 거절해야 하는 순간도 종종 찾아온다. 상대방과 마주 보고 대화를 나누는 자리라면 최대한 미안한 표정을 지으며 말하면 될 텐데 채팅 대화에서는 그러지 못하니 난처하다.

실시간 채팅을 하다가 대화를 끊고 싶을 때, 어떻게 말해야 상대방 기분이 상하지 않을까. 누구나 고민해봤을 것이다.

문장 대화에서는 표정이 보이지 않고 서로 다른 공간에 있으니 분위기가 피부로 느껴지지 않는다. 오로지 텍스트로 승부를 보아야 한다. 구구절절 설명을 쓰자니 구차하다. 상대방의 기분을 거스르지 않으면서도 깔끔하게 대화를 마무리하는 방법이 있다. 단, 세 문장으로 이루어진 3단계 거절법으로!

1. 상대 뜻 알아주기
2. 나의 뜻 전달하기
3. 감사 표현하기

상황 1.

카페에서 혼자 책을 읽고 있는 당신. 아이들이 학교에서 돌아오기 전 얼마 안 되는 소중한 시간이다. 그때, 친구에게서 카톡이 왔다.

> 친구 : 뭐해?

> 나 : 카페에서 책 읽는 중. 오랜만이네.

> 친구 : 편의점 지나가다가 네 생각나서. 여기 알바 구하네. 나이 제한 없대. 지원해볼래?

나 : 그렇구나, 근데 난 알바 생각은 없어.

친구 : 맨날 돈 궁하다면서 한 푼이라도 벌면 좋지 왜.
책 읽으면 돈이 나오니 떡이 나오니.

오지랖을 부리며 나의 소중한 시간을 빼앗는 친구에게 3
단계 거절법으로 선을 긋고 대화를 마무리할 차례.

나 : 구인 글 보고 돈 걱정하는 내 생각이 났구나.
나는 내 전공과 관련된 일을 하려고 요즘 공부 중이야.
내 생각 해서 연락도 주고 고마워, 친구야.

메시지를 전송한 후 채팅창을 닫으면 된다. 또 카톡이 와
도 신경 쓰지 말고 읽던 책이나 마저 읽자. '고마워'라는 메시
지에 친구는 뿌듯해하며 갈 길 갈 것이니.

상황 2.

자연스러운 만남을 추구하는 당신. 엄마는 친구 딸 결혼
소식을 전하다가 갑자기 맞선 이야기를 꺼낸다.

엄마 : 나이는 좀 있어도 직업이 안정적이잖니. 서울에 작은 아파
트도 한 채 있대. 사진 봤는데 서글서글하니 사람 좋게 생겼더라.

나 : 맞선 안 본다고 몇 번을 말해!

대화만 길어질 뿐 현명한 대처가 아니다. 3단계 거절법을 활용할 시간.

나 : 엄마는 하나뿐인 딸이 혼자서 살까 봐 늘 걱정되는구나. 나는 자연스러운 만남이 좋아. 혼자서 잘 살아갈 능력도 되고. 걱정해줘서 고마워 엄마. 사랑해!

엄마는 부글부글 끓어오르는 속을 '고마워, 사랑해'로 한 김 식히며 일단 한 발자국 뒤로 물러설 것이다. 머지않아 재습격이 돌아오겠지만 말이다.

거절은 늘 어렵다. 나를 아끼고 지키는 일은 대개 그렇다. 상대방의 기분을 살피느라 무조건 받아주다 보면 시간을 빼앗기고 결국에 상처받는 사람도 나뿐이다. 그렇다고 나라는 사람을 떠올리고 말을 건네는 사람에게 칼같이 굴기도 힘든 노릇이다. 그럴 땐 3단계 거절법으로 문장을 정리해 전송하자. 완곡하고 깔끔하게 대화를 마칠 수 있다.

어른의 문장은,
부드럽지만 단호하다.
"

교정볼 땐 내 눈부터
'새로 고침'

작가와 편집자는 흔히 애증 관계라고 불린다. 편집자는 독자 입장에 서서 수정을 제안하지만 작가는 지나친 개입이라고 생각하거나 작가의 의도, 글맛을 훼손시킨다고 여기며 갈등을 빚기도 한다. 더 나은 원고를 짓고자 하는 바람은 둘 다 같겠지만 말이다.

어떤 작가는 불필요한 수정을 지나칠 정도로 많이 요구하는 신문사에 자신의 원고를 되돌려달라고 했다. 돌려받은 원고를 다른 신문사에 보냈는데 그곳에서는 딱 한 군데만 수정했다고 한다. '1989년'을 '1990년'으로 고친 것이었다. 《블랙스완》《안티프래질》을 저술한 나심 니콜라스 탈레브Nassim Nicholas Taleb가 밝힌 경험담이다.

아무리 글을 단정하게 다듬어도 오탈자나 틀린 정보가 나오는 순간 글을 쓴 사람의 신뢰가 떨어진다. 기사나 보고서는 물론이고, 에세이나 이메일을 쓸 때도 마찬가지다. 글을 내

손 밖으로 내보내기 전에는 반드시 사실관계를 확인하고 흐트러진 논리를 바로잡고 적확한 단어로 교체해야 한다.

아쉽게도 우리에겐 편집자가 없다. 스스로 틀린 정보, 단어, 내용을 잡아내야 하는데 쉽지 않다. 일부러 거짓말을 하거나 틀리게 쓰고 싶은 사람이 어디 있겠는가. 이미 '내가 쓴 내용은 모두 맞는 것이다'라는 믿음으로 썼기 때문에 쉬이 눈에 보이지 않는다. 가령, 어떤 단어의 맞춤법을 잘못 알고 있으면 누가 알려주기 직전까지 평생 그것을 모르고 살 수도 있다. (생각만 해도 끔찍하다. 제발 서로 알려주자!) 당연히 뜻을 안다고 확신하는 단어도 가끔은 국어사전에서 찾아보자.

다음 문장에 틀린 맞춤법이 있나요?
- 코로나 때문에 생일 파티는 가족끼리 조촐하게 치뤘다.
- 학원에 가기 전에 친구네 집에 잠깐 들렸다가 갈 생각이다.
- 우리 엄마가 담군 김치보다 맛있는 반찬을 맛본 적이 없다.

→ 정답은 챕터 마지막에

다음 문장에 어색하거나 틀린 사실이 있나요?
- 남들은 잘 모르는 명소를 찾아다니는 게 나의 오래된 취미이다.
- 짜장라면의 근원인 짜파게티는 영화 기생충 덕분에 제2의 전성기를 맞았다.
- 회사에서 결혼을 앞둔 여성 채용을 꺼렸다. 그 이유는 결혼하면 임

신해서 일을 도중에 그만두기 때문이다.

첫 번째 문장을 살펴보자. 얼핏 보아서는 별문제가 없어 보인다. '명소'라는 단어를 국어사전에서 찾아보면 '경치나 고적 따위로 널리 잘 알려진 곳'이라는 풀이가 나온다. 즉, 위 문장을 다시 풀면 '남들은 잘 모르는 잘 알려진 곳'이라는 말로 모순이 된다. 옳게 고치면, '남들은 잘 모르는 장소를 찾아다니는 게 나의 오래된 취미이다.'

두 번째 문장. '근원'이라는 명사에서 어색한 온도가 감지된다. 근원은 '사물이 비롯되는 근본이나 원리'라는 뜻이다. 근원보다는 '어떤 사물이나 물건의 최초 시작으로 인정되는 사물이나 물건'이라는 의미의 '원조'가 더 잘 어울린다. 따라서 '짜장라면의 원조인 짜파게티는 영화 기생충 덕분에 제2의 전성기를 맞았다.'가 자연스럽다.

세 번째 문장은 수긍이 가면서도 고개가 살짝 갸웃하다. 결혼하면 '모두'가 임신하는 것도 아니고, 또 임신했다고 '모두' 그만두는 것은 아니기 때문이다. 전체와 일부는 구분해줘야 한다. '회사에서 결혼을 앞둔 여성 채용을 꺼렸다. 결혼하면 임신을 해서 일을 도중에 그만두는 사람이 많다는 이유에서였다.'가 낫겠다.

하나 더, 단어를 나열할 때는 같은 범주 안에서 하는 것도 잊지 말자.

나는 지금껏 미국, 스페인, 도쿄를 여행해봤다.

→ 나는 지금껏 미국, 스페인, 일본을 여행해봤다.

→ 나는 지금껏 샌프란시스코, 바르셀로나, 도쿄를 여행해봤다.

퇴고에 퇴고를 거듭해서 마침내 온라인에 글을 발행했다. 편안한 마음으로 소파에 누워 스마트폰으로 글을 읽어 내려가는데 '앗 못 보던 오타가!' 한 적이 있을 것이다. 희한하게도 완벽하게 퇴고한 내 글을 폰으로 다시 보면 고칠 부분이 자꾸 기어 나온다.

내 눈에 '새로 고침' 버튼을 눌러줘야 할 시간!

1. 공간을 새로 고침

PC에서 글을 고치면 커다란 모니터 화면에 눈이 적응돼 있다. 손바닥만 한 스마트폰으로 글을 다시 읽으면 읽는 환경이 바뀌면서 놓쳤던 부분이 새롭게 보인다. 마찬가지로 스마트폰에서 엄지손가락으로 쓴 글을 PC에서 넓게 보면 또 다른 느낌이 든다.

온라인 글을 퇴고할 때는 퇴고 범위가 '내용'에 국한되어서는 안 된다. 글을 가장 많이 접하는 곳은 스마트폰인 만큼 내 글을 읽는 사람 역시 스마트폰에서 읽을 확률이 높다는 뜻이다. PC와 폰, 태블릿에 따라 글의 정렬이 틀어지기 때문에 블로그 글은 발행 전 미리 보기 화면을 제공한다. 하지만 단말기를 직접 바꿔서 들고 보는 것과는 또 차이가 있다. 스마트폰에서 글이 어떻게 보이는지 한 번 더 확인하자. 분량이 긴 글이라면 종이로도 출력해서 보자. 미디어 평론가 마셜 매클루언Marshall Mcluhan은 모니터 글을 읽을 때 패턴 읽기에 집중하던 뇌가 종이에 인쇄된 글을 읽으면 '분석 모드'로 변한다고 했다. 종이로 출력한 내 글은 아예 다른 사람이 작성한 글처럼 낯설게 느껴진다.

2. 시간을 새로 고침

같을 글을 너무 오래 들여다보면 시야가 좁아지고 확증편향에 빠지기 쉽다. 마감에 여유가 있다면 시간의 힘을 빌려 '새로 고침'하는 방법도 있다. 퇴고를 총 세 번 하겠다고 다짐했으면 하루에 다 하는 것이 아니라 3일 후, 일주일 후, 한 달 후처럼 간격을 두고 다시 읽어보는 것이다.

맞춤법 정답
치뤘다 → 치렀다
들렸다 → 들렀다
담구다 → 담그다

4장

내가 쓰는 문장을 세련되게

읽는 사람은 아무것도 모른다 :
서평과 에세이의 기본

글쓰기 모임 회원들과 각자 쓴 서평을 두고 온라인 합평하는 날이었다. 학교 다닐 때 이후 처음으로 서평을 썼다며 창피해하는 한 회원. 하지만 그의 우려가 무색하게 흥미로운 경험담으로 시작한 서평 도입부는 모두의 눈길을 사로잡았다. 드디어 책을 소개하는 첫 문장이 나왔는데.

저자는 폴리매스를 새로운 인종으로 정의하여 다양한 형태의 폴리매스를 소개한다.

나는 흔들리는 눈동자를 진정시키며 머릿속을 바쁘게 굴리기 시작했다. '폴리매스가 뭐지? 다들 아는데 나만 모르는 단어인가?' 회원들의 눈치를 보다가 용기 내어 물었다. "저기,

폴리매스가 무슨 뜻인가요?"

알고 보니 '폴리매스'는 영단어 polymath(박식한 사람)에서 온 책 제목이었다. 책 제목과 저자를 모르는 상태에서 바로 등장한 생소한 용어에 당황한 사람은 나뿐만이 아니었다. 아래와 같은 문장으로 시작하면 어떨까.

> 영국 출신 예술감독인 와카스 아메드는 《폴리매스》라는 책을 썼다. 그는 다양한 영역에서 출중한 재능을 발휘하며 종합적인 사고를 하는 사람을 '폴리매스'라는 인종으로 정의하고 책에서 다양한 형태의 폴리매스를 소개한다.

온라인에서 글을 읽을 때 그 글이 서평이라는 사실을 알고 읽는 사람이 있고(특정 책의 서평을 검색했거나, 제목에 '서평'이 들어가거나, 책 제목을 이미 들어보았거나), 서평인 줄 모른 채 제목에 흥미를 느껴 클릭해서 읽는 사람도 있다. 그렇다면 기본값은 '모름'으로 설정해야 한다. '폴리매스'라는 것이 책 제목인지, 신인류인지, 로보카 폴리의 친구인지, 폴리우레탄을 대체하는 신소재명인지 독자는 아무 정보가 없다는 뜻이다. 내가 읽었다고 다른 사람도 읽은 게 아니고, 내가 저자를 안다고 다른 사람도 아는 건 아니니 말이다.

책을 소개하려면 그 책을 쓴 사람 정보부터 밝혀줘야 읽는 사람이 속 편하다. 보통은 자신의 분야와 관련된 책을 쓰기 마련이니 책 내용을 예측하기 좋고 책을 읽을 때도 그것을 염두에 두고 읽기 때문이다. 서평 도입부에서 저자의 이름과 전공, 하는 일, 대표 저서 정도는 알려주면 좋다.

브런치나 블로그에 써서 올리는 에세이도 독자의 기본값은 '작가를 모름'이다. 예를 들어, 나의 브런치에서 엄마가 교통사고가 나서 거동이 불편하시다는 이야기를 몇 번 다뤘다고 해도 엄마와 관련된 또 다른 글을 쓸 때는 마치 기억상실증에 걸린 사람처럼 다시 상황을 알려줘야 한다. '내 브런치를 구독하는 사람들은 우리 엄마가 다치신 것을 이미 다 알고 있을 테니까'라고 판단하고 앞뒤 설명 없이 '누워 있는 엄마를 대신해 밥을 차렸다.'라는 문장을 쓰면 구독자가 아닌 사람은 '엄마가 왜 누워 있다는 거지?' 하는 의문이 들면서 사고가 멈추고 다음 내용을 읽을 의욕이 사라진다. 내 글을 여러 편 읽어서 나라는 사람을 훤히 아는 사람이 있고, 알고리즘을 따라오다가 우연히 내 글을 처음 마주친 사람도 있다. 수많은 문서가 떠다니는 온라인 세상에서는 언제 어떤 글이 나와 읽는 사람을 연결할지 예측할 수 없다.

서평과 에세이처럼 온라인에서 불특정 다수와 인연을 맺는 글을 쓸 때는 '우리는 서로 모릅니다. 그러니 처음부터 천천히 다 알려줄게요.' 하는 친절을 베풀어야 한다. 나는 김초엽 작가를 알아도 소설을 잘 읽지 않는 독자는 모를 수 있다. 그렇다고 김훈이나 박완서 작가가 누구인지 생애부터 일일이

설명하란 뜻은 아니다. 이 책을 읽는 독자라면 그 '적정선'이
어느 정도인지 알 거라 믿는다.

어른의 문장은,
기본값을 '상대는 모름'에 맞춘다.

99

이메일만 봐도 일머리가 보인다 : 명확한 이메일 소통법

하루에 투고 메일을 수십 통씩 받는다는 한 출판사 대표의 푸념 어린 글을 발견했다. 저자의 꿈을 품은 이들이 정성스레 집필한 원고에 거절 답장을 보내는 심경은 늘 무겁지만, 이따금 당황스러운 메일을 받기도 한다고 했다.

메일 제목은 '투고합니다', 본문 내용은 '안녕하세요. 제 원고를 책으로 낼 수 있을까요?'가 전부였는데 보낸 사람의 이름은 물론 첨부파일까지 빠져 있었다고 한다. 스팸메일 뿌리듯 수신자란에 수십 군데 출판사 이메일 주소가 노출돼 있는 메일은 더 이상 놀랍지도 않다고 했다.

최근 사내 메신저나 디지털 협업 툴을 쓰는 기업이 많이 늘었지만, 전통적인 소통 도구 이메일의 위상은 여전하다. 외부와 소통할 때 주로 사용하는 만큼 더욱 정갈하게 문장을 쓰려는 수고가 필요하다. 자신의 능력이 본래보다 떨어져 보이길 원하는 사람은 아무도 없을 것이다. 안타깝게도 사소한(?) 실수로 이미지를 실추한다.

더이상 사소하지 않은 이메일 실수

- 제목 빠뜨리기
- 첨부파일 빠뜨리기
- 숨은 참조로 넣어야 하는데 모두 공개하기
- 엉뚱한 이메일 주소로 보내기(숫자 0과 알파벳 o, 숫자 1과 알파벳 l의 착각)
- 본문 내용 아직 다 안 썼는데 발송하기
- 본문 내용 복사 붙여넣기 했는데 수신자 이름 안 고치기

실수 목록 예시를 열거하는데 왜 내 귀가 뜨거워지는지 모르겠다. (이유는 묻지 마세요!) 사회초년생 시기 누구나 한 번쯤 겪어봤을 실수들이다. 회사생활을 3~4년 넘게 했는데도 비슷한 실수를 되풀이하고 있다면 '이메일 체크리스트'를 만들어놓고 '보내기'를 누르기 전 반드시 확인하는 것을 추천한다. 메일을 보내자마자 '아차!' 하는 일이 줄어들 것이다.

나는 중요한 비즈니스 메일을 보낼 때는 바로 메일 페이지를 여는 대신 메모장을 띄운다. 아주 급한 게 아니라면 초고를 작성해두고 한 두 시간 뒤에 다시 한번 읽어보며 내용을 매

끄럽게 다듬고 맞춤법을 확인한다. 그 사이, 고치거나 추가하고 싶은 내용이 반드시 생긴다. 메모장에 메일 초고를 작성하면 본문 내용을 다 쓰지도 않았는데 발송되거나 내용이 날아가는 참사(엔터나 백스페이스키를 잘못 눌렀을 때 생기는 오류)도 막을 수 있다.

이러한 실수를 하지 않는 것은 기본, 이메일 본문에도 오해가 생기는 문장이 없도록 깔끔하게 정리해야 한다. 정갈한 메일 소통은 내 이미지를 결정짓는 것뿐만 아니라 상대방의 업무 효율에도 영향을 미치기 때문이다. 양방향 소통이니 나의 부족함은 상대에게 불편을 주고 폐를 끼치는 것이다.

제목과 첫인사, 어떻게 쓸까? 메일을 쓸 때마다 제목과 첫인사를 어떻게 쓸지 고민이다. 만약 한 번도 고민해본 적이 없다면 이번에 생각해보자. 제목은 말머리를 붙여서 3~4어절로 길지 않게 작성한다. 받는 입장에서 가장 고마운 제목은 본문을 열어보지 않아도 '무엇에 관련된 내용'인지 알 수 있는 제목이다. 메일을 열기 전에 마음의 준비를 할 수 있어서 좋고 (용무에 따라 발신자 이름만 보고도 뒷골이 쭈뼛 설 때가 있으니) 메일 내용을 다시 확인하려고 메일함을 뒤질 때도 쉽게 찾을 수 있으니 말이다.

정갈한 이메일 제목 예시

[깔끔북스] 하반기 국제도서전 협업 제안

[공지] 내부 인테리어 공사 협조 사항

[긴급] 이번 주 마케팅 회의 취소 건

자기소개와 인사는 두세 문장이면 충분하다.

정갈한 자기소개와 인사 예

안녕하세요, 이까탈 팀장님

깔끔북스 김정갈입니다.

1. 이메일로 처음 인사드리네요.

2. 즐거운 주말 보내셨나요?

3. 그새 날씨가 따뜻해졌네요.

4. 보내주신 제안서는 잘 받았습니다.

5. 그동안 별일 없으셨지요.

'안녕하세요'만으로도 충분하지만, 나는 매일같이 이메일을 주고받는 사이가 아니라면 한 문장 정도 간단한 안부를 덧붙이는 편이다. 매번 '어떻게 인사를 할까'를 고민하는 것은 짐이 되겠지만, 간단한 인사는 5초면 되니까. 보통 이메일을 읽을 때는 무표정한 사람과 마주 앉은 듯한 기분이 드는데 간단한 인사가 덧붙은 메일에서는 부드러운 미소가 전해지는 듯하다. 알게 모르게 소통에도 긍정적인 작용을 할 것이다.

본문은 간결하고 구체적으로 쓴다. 메일 목적에 따라 다르겠지만, 너무 길지 않게 300자 내, PC에서 스크롤 하지 않아도 되는 정도 분량으로 정리하면 읽는 사람이 편하다. 가능하면 두괄식으로 첫 세 줄 안에 핵심 내용이 나오는 것이 좋다. 길고 세세한 내용은 첨부파일에 이미 담았을 것이다. 인사부터 본문까지 다닥다닥 글이 붙어 있으면 눈에 피로하니 적절히 줄 바꿈을 해 단락을 나눈다. 중요한 내용은 진하게 표시하는 등 전체적인 레이아웃에 신경 쓴다.

본문에 쓰는 용건은 크게 보고와 제안, 요청으로 나뉜다. 보고는 상대방이 궁금해하는 내용을, 제안은 내가 전하고 싶은 내용을 핵심 키워드 중심으로 정리하면 된다. 문제는 요청이다. 상대로부터 급하게 피드백을 받아야 하는 요청 메일은 반드시 구체적인 언어를 써야 소통에 막힘이 없다. 수신자가 해주었으면 하는 행동을 두루뭉술하게 적어서 머리 싸매게 하지 말고, 콕 집어서 일러주는 것이다.

두루뭉술한 언어

가능한 빠른 시일 내

지금도 나쁘진 않지만 아쉬운 면도 있네요.

좀더 미래지향적인 느낌으로

신분을 증명할 자료를

지난번에 보내주신 것처럼

구체적인 언어

이번 주 금요일 오후 5시 전까지

다른 아이템으로 부탁드립니다.

레퍼런스를 첨부하니 참고해주세요.

주민등록증이나 면허증 사본을

6월 13일에 보내주신 기획안 양식대로

이메일 문장만 실수하지 않고 정갈하게 작성해도 회사생활이 한결 쾌적하다.

**어른의 문장은, 간결하고 정확하며 구체적이어서
이메일 소통을 원활하게 한다.** 99

드림과 올림, 무엇을 써야 할까? :
'을'의 메시지 전달법

"내가 당신 친구입니까?"

연세가 지긋한 교수님께 보낸 메일 끄트머리에 'ㅇㅇㅇ 드림'이라고 쓴 것이 화근이었다. 나의 옆자리 동료였던 Y는 그 후로 '올림병'에 걸리고 말았다. '올림병'이란 아무리 사소한 이메일을 보내더라도 자신을 낮추고 남을 올려야 직성이 풀리는 21세기형 동방예의지국 퇴행성 질환을 뜻한다.

사회초년생과 직장인 일부가 여전히 '올림'과 '드림' 사이에서 갈팡질팡 헤매고 있다. 국립국어원에서는 두 단어 모두 윗사람에게 쓰는 말이라고 정의한다. 차이가 있다면 드림은 윗사람뿐만 아니라 동년배에게도 쓰는 말이라는 정도다. 드림도 엄연히 '주다'의 높임말이거늘 무엇이 문제일까.

고려대 다양성 위원회가 출간한 《다름과 어울림》에서 신지영 국어국문학과 교수는 '한국어 사용자들은 한국어를 배우는 과정에서 나이가 많은 사람은 윗사람, 높은 사람, 손윗사람이고, 나이가 적은 사람은 아랫사람, 낮은 사람, 손아랫사람이라는 생각을 배우게 되고 매일매일의 언어 사용을 통해 그런 생각을 강화한다'라며 언어가 변화한 우리의 생각을 담지 못하고 있는 현실을 지적했다.

올림과 드림 사용을 고민하는 것은 우리나라에 여전히 권위 의식과 서열 의식이 자리를 꿰차고 있다는 방증이다. 한편으로는 '꼭 그렇게까지 해야 하나?'라는 의문이 양립한다는 뜻이니 조금씩 형편이 나아지고 있는 것도 같다.

나는 머지않아 올림이란 표현이 사라지지 않을까 생각한다. 주변에 물어봐도 '드림'이 대세다. 메일 서명이 있으니 굳이 표기하지 않는다는 의견도 있었다.

올림보다 배상拜上을 더 공손한 표현이라고 간주하는 사람도 있다. '절하며 올린다'라는 뜻을 지닌 배상은 왠지 메일 보내기 버튼을 누르기 전에 두루마기를 걸치고 무릎이라도 꿇어야 할 것만 같다. 국립국어원 역시 한자어 배상을 '올림'으로 순화해서 쓰라고 권한다. 배상이라는 단어를 쓰는 게 나쁘다는 뜻이 아니다. 한자어가 격이 더 높다고 판단하는 게 문제이다.

오히려 올림, 드림의 격식 우위 논쟁보다는 뜻의 정확성을 놓고 토론하는 편이 생산적이지 않을까. '드림', 즉 '주다'의

사전적 풀이는 '물건 따위를 건네어 가지게 하다'라고 돼 있고, 올림은 '편지나 선물을 아랫사람이 윗사람에게 보낼 때 쓰는 말'이라고 풀이한다. 뜻만 보면 더 구체적인 표현은 올림이다.

그런데 메일을 '편지'라고 보기에는 애매한 측면이 있다. 국어사전에서 말하는 편지와 업무적으로 주고받는 메일의 목적은 분명 다르니 말이다.

나 같은 경우, 특히 비즈니스 관계에 주고받는 메일은 드림을 고집하는 편이다. 갑을이 아닌 동등한 입장임을 표명하고 스스로 행하는 경각이랄까. 경각심을 가져야 한다는 자체가 주로 을 입장에 놓여 있다는 뜻이겠지만. (눈물 좀 닦고 올게요.)

예전에 남편이 대학원 시절에 있었던 일이라며 들려주었던 에피소드가 하나 떠오른다.

문장력이 살짝 떨어지는 한 학생이 옆방에 계신 교수님께 실험 결과 보고서를 써서 이메일을 보냈다. 공손하게 '○○○ 올림'으로 끝맺었음은 물론이다. 몇 분 후, 교수님께 답신이 왔는데 그 내용은, '?' 달랑 물음표 하나였다. 10초도 안 돼 연구실 문이 벌컥 열렸고, 호랑이 같은 교수님의 불호령이 떨어졌다.

"야 이놈아, 도대체 무슨 소리를 하는지 하나도 알아먹을 수가 없다!"

'탕수육은 찍먹이냐, 부먹이냐'를 논쟁할 시간에 하나라도 더 먹는 게 남는 거라고 했다. '올림이냐, 드림이냐'를 고민할 시간에 본문을 정갈하게 썼는지, 주술 호응이나 맞춤법을 틀리진 않았는지 한 번 더 점검하는 편이 낫지 않을까.

어른의 문장은,
불필요한 형식에 얽매이지 않는다.

99

인스타그램 문장은 분명 다르다 :
호기심을 끄는 SNS 문법

SNS도 유행을 타는 걸까. 한때는 SNS의 상징이었던 페이스북에서 활동하는 사람이 최근에는 많이 줄어든 것 같다. 그들 중 상당수가 인스타그램으로 갈아탔다. 최근 인스타그램 국내 월간 활성 이용자수(MAU)는 1891만 명을 넘겨 SNS·커뮤니티 앱 부문 1위로 올라섰다고 한다. (출처 : 아이지에이웍스, 2022년 7월) 월간 활성 이용자수란 한 달간 해당 서비스를 쓴 이용자 수를 말한다. 인스타그램으로 사람들이 모여드는 가장 큰 이유는 집중력을 요구하는 텍스트가 아닌, 훌훌 넘겨보는 '이미지' 기반이기 때문일 것이다. 여기에 릴스처럼 짧고 재미있는 동영상 기능이 가세하면서 자신의 개성과 재능을 더 다양한 방법으로 표출하고 있다.

인스타그램을 하는 목적도 가지가지다. 사업가나 마케터

는 물건과 서비스를 팔려고, 프리랜서는 퍼스널 브랜딩 용도로, 자기계발에 관심이 많은 직장인은 자신의 루틴을 기록하려고 접속한다. 연예인이나 인플루언서는 팬과 소통하거나 홍보용 수단으로 쓰고 있다.

나는 좋은 습관을 지속하고 독자들과 소통하려고 인스타그램을 한다. 인스타그램 시작 날짜를 보니 2019년 5월 13일, 벌써 3년이 넘었다. 그때부터 지금까지 거의 매일 게시물을 하나씩 올리고 있는데, 바로 #필사스타그램이다. 무언가를 꾸준히 하고 싶을 때는 '공언'하는 것만큼 강력한 방법이 없다는 걸 안다. '오늘부터 매일 좋은 글귀를 필사해서 올리겠습니다'라고 인스타 친구들에게 공표했으니 그들이 관심이 있건 없건 매일 하게 된다. 다이어트를 하는 사람들이 식단과 달리기 기록을 올리는 것과 비슷하달까. 사정이 있어서 못 올리는 날에는 지적하는 사람도 없는데 괜히 찝찝하고 눈치가 보인다. 그뿐이랴, 차곡차곡 쌓이는 피드 게시물을 보면 이게 뭐라고 뿌듯하기까지 하다.

팔로워가 수만 명인 인플루언서도 아니고 팔로워 늘리는 비결은 더더욱 모르지만, 3년 동안 꾸준히 인스타그램을 하면서 나름 '소통 노하우'는 생겼다. 인스타그램에 어울리는 문법을 익힌 것이다.

1. 글은 이미지와 항상 세트로

인스타그램에서 허용하는 최대 글자 수는 2,200자다. 캡션에 생각보다 꽤 긴 분량으로 줄글을 쓸 수 있다. 어쨌거나 인스타그램의 텍스트는 캡션이 기본 역할이므로 짧건 길건 이미지에 해당하는 글을 올려야 시선을 끈다. 그러나 대부분 피드를 빠르게 내려보므로 아무래도 화면 대부분을 차지하는 사진이나 동영상이 눈에 들어온다. 그것을 보고 호기심이 생겨야 비로소 글을 읽어본다. '더 보기'를 클릭해야 자세한 내용이 나오는 데다 글자 크기가 깨알처럼 작아 웬만큼 매력적인 글이 아니어서는 꼼꼼하게 읽어보지 않는다.

물론 요즘은 긴 문장으로 밀어붙이는 유저도 꽤 보인다. 짧은 글로는 대체하기 힘든 줄글의 호소력을 깨달은 것이다. 마치 공개 일기처럼 오늘 있었던 일이나 자신의 사유를 담백하게 써서 올리곤 하는데, 제법 공감 댓글도 많이 달린다.

조금 더 정성을 들이자면 이미지 위에 글자를 올려서 편집하는 방법도 있다. 하고자 하는 이야기를 카드 뉴스 형태로 스토리텔링 하는 것이다. 읽는 사람은 '다음 장에는 무슨 말이 나올까?' 넘겨보는 재미가 있다.

2. 첫 문장으로 끌어당기기

첫 문장을 《제목》 형태로 짓거나 핵심 내용을 해시태그 해서 넣는 사람도 종종 보이는데 어쨌거나 첫 문장의 역할은 독자를 끌어당기는 것이다.

인스타그램 캡션은 두 줄이 넘어가면 이후 글자는 피드에서 숨겨진다. 생략된 내용은 '더 보기'를 클릭해야 보인다. 이를 절묘하게 활용하는 사람이 있다. 나와 인스타그램 친구인 김고명 작가(@highlight_kim)는 그의 #북스타그램에서 첫 문장으로 현기증 나는 호기심을 불러일으킨다. 얼마 전, 월 3천만 원을 번다는 20대 자기계발 유튜버 '드로우앤드류'의 책 《럭키 드로우》 리뷰를 올렸는데 첫 문장은 이렇다.

"어린놈이 돈 좀 벌고 유명해졌다고 인생 다 아는 척하기는!"

대놓고 저격하는 듯한 날카로운 문장에 누구라도 다음이 궁금하다. '더 보기'를 누르면 나오는 이어지는 내용은?

'이라고 생각할 사람도 있을 거예요. 이분은 그래도 돼요.'

이후 그는 저자의 훌륭한 점을 늘어놓으며 칭찬했다. 초반의 충격 때문인지 뒷 내용에 더 몰입하게 된다.

#먹스타그램으로 또 다른 예를 들어볼까.

1. [도넛 사진]

- 친구랑 찾아간 OO도넛 역시 맛있었다.

  ...더 보기

2. [도넛 사진]

- 요즘 핫한 OO도넛, 무려 2시간이나 기다려서 먹었는데

　...더 보기

첫 번째 문장은 첫 문장만 봐도 글을 다 본 느낌이지만 두 번째 문장은 다음 내용이 궁금해진다. 두 번째 문장처럼 '더 보기'를 누르고 싶은 첫 문장을 골똘히 고민해보자. 비단 인스타에서뿐만 아니라 모든 글에서 첫 문장은 독자를 부르고 글의 첫인상을 결정하는 중요한 역할을 한다. 매혹적인 첫 문장을 쓰려고 고심하는 행위는 곧 글쓰기 훈련이다.

3. 질문으로 참여시키기

인스타그램을 하면서 자연스레 비슷한 관심사를 가진 사람들과 맞팔로우를 맺는다. 게시물에 아무 반응이 없는 것보다는 '좋아요' 수가 늘고 공감 댓글이 많이 달리면 더욱 신이 난다. SNS를 하는 심리 저변에는 인정받고 소통하고 싶은 욕망이 깔려 있기 때문이다. 인친들과 소통하길 원한다면 캡션 마지막 문장은 질문을 던지며 참여를 유도해보자.

예를 들어 #책스타그램을 올릴 때 '나는 자기계발서보다는 소설을 좋아한다'로 문장을 끝낼 것이 아니라 '여러분의 인생 소설은 무엇인가요?' 식으로 말을 거는 것이다. 이보다 더 쉽게 반응을 끌어내는 질문은 '양자택일형'이다. '자기계발서 vs 소설, 여러분은 어느 쪽인가요?', 혹은 '내일 중요한 면접에

가는데 (사진) 1번과 2번 중 어떤 옷을 입을까요?'식으로 질문하면 선택이 쉽기도 하고 자신의 취향을 알리고 싶은 심리에 흔쾌히 댓글을 단다.

나는 인스타그램에는 인스타그램스러운, 블로그는 블로그다운 글을 올리는 것을 좋아한다. 각 플랫폼에 잘 맞는 글의 형식, 구성, 분량이 존재한다고 믿기 때문이다. 그것을 지켰을 때 읽는 사람이 부담이 없고 받아들이기 좋다. 나만의 기록 용도를 제외하곤 SNS에서 사용하는 문장은 언제나 '소통' 중심으로 접근해야 한다.

어른의 문장은,
SNS 플랫폼 특성에 어울리는 문법을 쓴다.

99

1초 만에 지워도 누군가는 읽는다 :
SNS 글쓰기 주의사항

'개인 SNS'라고 부르지만 SNS를 정말 개인적이라고 여기는 사람은 없을 것이다. 예를 들어, 당신이 주말에 남자친구와 태안 여행을 다녀왔는데 다음 날 직장 상사가 '거기 게국지 맛집 가봤어?' 한다든지, 치질 수술로 입원해 있는데 3년 전 헤어진 전 남친에게서 '어디 아파?' 하고 연락이 오는 일은 얼마든지 발생할 수 있다.

나는 페이스북에는 글을 올리지 않지만 남의 글을 읽으러 종종 접속한다. 각계 전문가들이 많이 활동해 정보나 인사이트를 얻기 좋고, 관심 있는 정치인들을 팔로우하며 그들의 생각을 읽는 재미가 있다. 페이스북에 접속해서 기웃대다 보면 가끔 사건 사고를 목격(?)하기도 한다. 긴 글을 올리는 플랫폼 특성상 말실수, 정확히 말하면 글 실수를 저지르기 쉬운 것이다.

　그런 의미에서 유명인들이 음주운전만큼 조심해야 할 것이 있다면 음주 SNS다. 오죽하면 오랜 팬이 자신의 스타에게 '술이나 SNS 둘 중 하나를 끊으세요.'하고 댓글을 달까. 다음날 스타의 피드에는 어김없이 까만 배경에 사과문이 올라온다. '죄송합니다. 어제 과음한 나머지…'

　유명인이 아니라고 100% 자유롭지는 않다. 기업에서 직원을 뽑을 때 개인 블로그나 SNS를 뒤져 평소 행실을 조사했다는 소문은 더 이상 놀랍지 않으니 말이다. SNS는 누구나 미디어 주체가 될 권리를 주었지만, 조지 오웰의 《1984》에 등장하는 텔레스크린처럼 시시각각 사람들의 일거수일투족을 염탐하고 있다.

　실수 한 마디에 엄청난 파급을 일으키는 유명인사가 아니더라도 SNS에 글을 올릴 때 한 번 더 생각해봐야 할 글들이 있다. (혹시 모를 일이다, 당신이 5년 뒤에 엄청나게 유명해질지!)

　먼저 특정 대상이나 집단을 비난·혐오하는 글이다. 가끔은 페이스북을 넘겨보다가 선을 넘는 글에 인상이 찌푸려질 때가 있다. 어느 정도 팬을 모은 샛별 인플루언서 경우가 그랬는데 팔로워들의 댓글과 호응에 취해 '무슨 말을 해도 내 편을 들어주겠지' 하는 경솔함이었던 것 같다. 자신이 겪었던 불쾌한 에피소드를 풀다가 성급한 일반화를 내리며 '노숙자들' '비만인들' '애엄마들'하며 집단 자체를 비하하는 식이다.

용기 있는 누군가 먼저 반박하는 댓글을 달면, 기다렸다는 듯 비판 댓글이 줄줄이 달린다. 공유의 공유가 거듭되면서 글이 온라인에 퍼지고 논란이 커진다. 결국 페이스북 주인은 글을 내리고 반강제적인 자숙에 들어가는 순. 열에 아홉은 몇 개월 후 다시 돌아오지만 말이다.

누구나 완벽하지 않고 실수한다. 자신이 잘못됐다는 생각이 들면 앞으로 고치면 된다. 공개적으로 누군가를 비판하고 싶다면 우선 자신의 잘못이나 부주의는 없었는지 되돌아보는 게 어떨까.

싸잡아서 판단하는 습관도 위험하다. 불쾌한 일을 겪는 까닭은 보통 개인의 성향이 충돌하거나 환경의 영향일 때가 많다. 부정적인 사건에 특정인의 실명을 거론하면 명예훼손으로 고소당할 수도 있다.

지나치게 감정적이거나 욕설이 포함된 글도 조심해야 한다. 새벽에는 편지를 쓰지 말라는 말이 있다. 감성에 푹 젖은 나머지 다음 날 아침 이불을 팡팡 걷어찰 만큼 부끄러운 글을 쓸 수 있기 때문이다. 마찬가지로 격분했을 때는 스마트폰을 몸에서 멀리 떨어뜨려 놓는 게 좋다. 욱하는 심정에 순간적으로 SNS에 감정의 배설을 하지 않도록 말이다.

한 번은 내가 팔로우하고 있는 분이 누가 봐도 억울할 만한 일을 당하고 분노를 토로하는 글을 SNS에 올렸다. SNS 친구들에게 위로받고 싶었던 모양이다. 문제는 글에 욕설이 포함돼 있었다. 아무 생각 없이 길 가다가 갑자기 뺨을 맞는 사람처럼, 나는 SNS를 넘겨보다가 욕을 읽었다. 물론 나에게 한 욕은 아니지만, 욕설의 불쾌한 기운은 말을 꺼낸 사람에게서 듣는(읽는) 사람에게로 전염되기 마련이다. 지하철에서 취객이 큰 소리로 욕지거리하면 열차 내 공기 전체가 불편해지는 것과 같은 이치다.

다음 날 그가 올린 글은 수정돼 있었는데 욕설 부분만 지워져 있었다. 한숨 자고 일어나니 후회가 된 모양이다. 하지만 이미 나를 포함한 많은 팔로워가 이미 욕을 보았고 그에게 생긴 경솔한 이미지는 굳어져버렸다. 나는 그가 최선의 대처를 했다고 생각한다. 나중에라도 후회되면 한시라도 빨리 수정하는 게 낫다. 가장 좋은 방법은 애초에 감정이 한 김 식은 후 글을 쓰는 것이겠지만.

종교나 정치 이슈도 마찬가지. 추석 명절, 온 가족이 TV 앞에 둘러앉아 사과와 배를 나눠 먹으며 도란도란 이야기꽃을 피우던 중 갑자기 언성이 높아진다면 십중팔구 주제가 '정치'로 흘러간 것이다. 정치 이야기가 자주 다툼으로 번지는 이유는 정치가 각자의 인생 가치관과 밀접하고 자기확신이 가장 강할 수 밖에 없는 주제이기 때문이다.

페이스북에서는 자신의 정치색을 대놓고 드러내는 사람이 많다. 나는 이를 나쁘게 보지 않는다. 민주주의 국가에서는 누구나 남에게 피해를 끼치지 않는 한에서 자신의 사상을 자유롭게 표현할 자유가 있다. 보통은 자신이 선호하는 정당을 팔로우하므로 갈등이 불거지는 경우가 그렇게 많지는 않다.

다만, SNS에는 '공유' 기능이 있다는 사실은 기억해두는 게 좋다. 내가 SNS에 쓴 문장은 이미 나만의 것이 아니다. 누구나 퍼서 재공유할 수 있고, 덧말이 붙어 내 의도와 다른 방향으로 전시되기도 한다.

종교 이야기도 민감한 주제다. 각종 사회 이슈들이 엮여 있고, 일반적으로 종교에는 더욱 엄격한 도덕적 잣대를 씌우기 때문이다. 언제든 예상치 못한 곳에 내 글이 퍼 날라질 수 있다.

모든 사람에게 좋은 사람이 될 필요는 없다. 나를 표현하고 싶어서 선택한 SNS인데 이것저것 눈치 보고 자기검열을 하다가는 아무 글도 올리지 못한다. 내가 읽기 불쾌한 문장은 남이 읽기에도 불쾌하다. 남한테 폐를 끼치지 않는 선에서 자신이 감당할 만한 문장을 쓰자.

어른의 문장은, 〝
남을 불쾌하게 만들지 않는다.

관계를 좋게 만드는 댓글 센스 :
맞춤형 댓글 달기

카톡으로 지인들과 소식을 주고받는 일이 많이 줄었다. 왜 그런가 보니 블로그나 SNS에서 댓글로 이미 수시로 소통하고 있기 때문이었다. 다들 알아서 근황을 올리니 요즘 어떻게 살고 있는지 굳이 물어볼 필요가 없었다.

'오호, 점심으로 연어 후토마끼를 먹었군' '후임 때문에 여전히 골치 아픈가 보네' '애가 벌써 100일 됐구나!' 일일이 묻지 않아도 손바닥 안에서 훤히 소식을 파악한다. '오 맛있어 보인다, 그 집 정보 좀' '누가 우리 짱유를 괴롭혔어?' '고생 많았죠? 오늘부터 백일의 기적이 일어나길!' 따위의 댓글을 달면 상대방은 대댓글로 답을 한다. 카톡 메시지가 하던 일을 '댓글'이 대신하고 있다. 다만 1:1 대화는 둘만의 대화이지만 댓글은 누구나 읽을 수 있다는 점이 다르다.

보통은 이처럼 대화하듯 한두 문장씩 편하게 댓글을 달지만, 쓰고 싶어도 '막상 뭐라고 써야 할지 몰라서' 댓글을 달지 않는다는 무플족도 주변에 꽤 있다. 심지어 댓글을 달려고 하면 모두가 나만 쳐다보는 것처럼 긴장돼서 하루를 꼬박 고민하고 겨우 댓글을 단다는 이도 있었다. (물론 자발적 '눈팅족'도 많다.)

댓글을 어떻게 달아야 할지 고민되거나 센스 있게 달고 싶은 사람이라면 하나만 기억하자. 바로 글을 쓴 사람의 '의도'. 그들은 관심에 목말라 있다는 사실을 기억하자. SNS에 사진과 함께 올라오는 문장은 크게 세 가지 유형이다. '에피소드'형, '자랑'형 그리고 가끔 '한탄'형.

유형 1. 에피소드형에는 공감 댓글

에피소드형 글이란 자신이 오늘 어디에 갔고 누구를 만났으며 무엇을 먹었는지 일상을 올리는 것을 뜻한다. 예를 들어, 봄에는 벚꽃 놀이, 여름에는 바다나 계곡, 가을에는 대하 구이, 겨울에는 크리스마스트리 사진 등을 올리며 평범하지만 행복한 일상을 공유한다. 황당한 일을 겪었거나 신기한 장면을 목격하면 재밌게 썰을 풀어 올리기도 한다. 모두 SNS 친구들과 감정을 공유하고 싶은 마음이다.

이런 에피소드형 글에는 공감 댓글을 달면 적당하다.

'와! 풍경 예술(엄지척) 모처럼 가족과 행복한 시간이었겠

네요.'

'앗 나도 일주일 전에 갔는데 이 집 육회 최고.'

'저게 된다고? ㅋㅋㅋㅋ'

유형 2. 자랑형에는 칭찬 댓글

'인스타그램에는 절망이 없다'라는 책 제목이 괜히 나온 것이 아니다. SNS만 보면 온 세상 사람들이 모두 완벽하게 아름다운 인생을 사는 것처럼 보인다. (심지어 다들 예쁘고 잘생겼다!) 자신의 성과나 인맥을 자랑하거나 소비를 과시한다. 아닌 척, 에둘러 표현해도 결국엔 '자랑'인 것이 다 티가 나므로 자랑을 하고 싶을 때는 그냥 대놓고 하는 게 낫다. 단, 팔로워가 줄어드는 것은 감안할 것. 일종의 자랑 비용이랄까.

자랑형 글이 갈구하는 건 칭찬 댓글이다.

'역시, 잘 되실 줄 알았어요! 대단대단(쌍따봉)'

'우와 부러워요, 샤넬백이라니, 그거 먹는 건가요?'

'아이가 누굴 닮아서 그렇게 예뻐요?(하트)'

'네가 만든 요리라고? 레스토랑인 줄(놀람)'

유형 3. 한탄형에는 위로 댓글

가끔은 자신의 신세를 한탄하거나 우울한 심경을 담은 글도 올라온다. 그들은 지금 너무나 고통스러운 상태다. 어쩌면 SNS를 보다가 나 빼고 다 행복해 보여서 상대적 박탈감을

느끼고 있는지도 모른다. 피상적이라도 괜찮으니 '토닥토닥'
이 필요한 타이밍이다.

한탄형 글에는 위로 댓글이 제격이다.

'요즘 많이 힘들지. 건강 잘 챙겨야 해.'

'이 또한 지나가리ㅜㅜ 기운내자!'

'진짜 황당하네요. 그 사람 분명 벌 받을 거예요!'

영혼이 보따리를 싸서 가출한 댓글 로봇 같은가. 어떤 날
에는 댓글을 다는 일이 품앗이처럼도 느껴진다. 내가 일상을
공유하고 싶을 때, 자랑하고 싶을 때, 또 한탄해야 직성이 풀
리는 날을 대비하여 미리 씨앗을 뿌려놓는 것 같기도 하다.
가끔 SNS를 하면서 지나치게 감정이 소모되고 있다는 생각
이 들 때 나는 앱을 지우고 2주에서 한 달 정도 '해독기'를 보
낸다.

그렇다고 SNS 소통을 너무 부정적으로만 바라볼 필요는
없다고 생각한다. 비대면 시대에 시간과 장소의 구애를 받지
않고 서로의 소식을 어렵지 않게 알 수 있다. 댓글 소통을 통
해 오고 가는 소소한 칭찬, 위로, 개그를 통해 잠깐이라도 기
운을 충전했다면 그걸로도 의미가 있지 않을까. 인간의 활동
이 항상 생산적이고 높은 가치만을 지향해야 한다는 것도 강
박관념이다.

굳이 댓글 유형을 소개한 까닭이 있다. 댓글을 달 때는

'상대방의 의도'를 먼저 파악하자는 것이다. 칭찬이 필요한 글에 공감 댓글을 달고, 공감이 필요한 글에 가서 위로하지 말자. 달을 가리키는데 손톱을 바라보는 정도가 아니라 태양을 바라보는 격으로 쌩뚱맞은 댓글을 다는 사람도 간혹 있다. 여러 사람에게 기계적으로 댓글을 달다 보니 글을 제대로 읽지 않았거나, 혹은 문해력이 떨어지면 나타나는 현상이다.

가끔 인스타그램에서 댓글 이벤트를 할 때가 있다. 예를 들어, 출판사에서 출간한 신간에 종종 형광펜, 독서 노트 등 문구류를 끼워서 #북스타그램 댓글 이벤트를 연다. 책에 큰 관심이 없더라도 귀여운 굿즈는 누구나 탐이 나기 마련! 어떤 댓글들이 달렸을까.

- 알록달록 형광펜 완전 제 스타일이에요. 책에 밑줄 긋기 딱 좋겠네요.
- 책갈피 완전 고급스러움(하트) 넘넘 갖고 싶어요! 이거 예쁘지 않니? 친구야 @booklover
- 리그램 완료! 우와 이번 굿즈 대박이네요. 너무 유용할 거 같아요.

굿즈를 찬양하는 댓글이 대부분이다. 여기서 잠깐, 출판사가 이벤트를 연 의도를 한 번 생각해보자. 출판사는 홍익인간 마인드로 널리 굿즈를 나눠주고 싶은 게 아니라 새로나온 책을 홍보하려는 것이다. 댓글 이벤트에 당첨이 되려면 책과의 관련성을 엮어야 한다.

《어른의 문장력》 저같이 횡설수설하게 말하는 사람에게 꼭 필요한 책이네요. 형광펜으로 밑줄 쫙 그으면서 열심히 읽고 싶어요!

악성댓글이 달렸을 때는 어떻게 대처하는 것이 좋을까. 사실, 연예인이 아닌 개인 SNS에서 악플을 만나는 일은 흔치 않다. 똥이 무서워서 SNS 못 할 이유는 없다는 뜻이다. 단, 생각이 다른 것은 악플이 아니다. 조금 서운한 감정이 들기는 하지만 '당신 생각은 그렇군요.' 하고 넘어가면 될 일이다.

인신공격이나 차별과 혐오 표현이 들어간 댓글이 달리면 싸울 필요도 없이 그냥 지우는 게 낫다. '네가 바라는 대로 해줄 의사가 없단다.' 하고 무시하자. 댓글 다툼이야말로 악플러가 바라던 바이기 때문이다. 보이는 것이 전부가 아니다. 게시물을 재미있게 읽은 수많은 사람은 댓글을 달지 않고 지나가지만 어쩌다 부정적인 시선을 가진 사람은 꼭 티를 내고 간다.

어른의 문장은,
상대방의 의도를 헤아린다. 〞

플랫폼에 따라 달라야 한다 :
제목 변주하기

내가 이끄는 글쓰기 모임 회원 중에 지금 바로 에세이집을 내도 손색이 없는 훌륭한 필력을 가진 분이 있다. 평범한 일상 속에서도 글감을 잘 낚아챘고 남들은 소소해서 지나칠 일에도 그는 의미를 만들어냈다. 어휘력과 문장을 짓는 능력, 이야기를 풀어가는 힘도 좋았다. 하지만 완벽한 그에게 한 가지 아쉬운 점이 있었으니 '평이한 제목'이었다.

그가 지은 에세이 제목은 《유산》《강풍주의보》《냉장고》 식으로 간단한 명사 한 단어였다. 제목만 가지고는 무슨 내용이 펼쳐질지 전혀 예측할 수 없었다. 온라인 글은 제목이 매력적이어야 사람들이 클릭하고 읽는데 말이다. 그 중요성을 모를 리 없(다고 믿)는 그에게 나는 조심스레 물었다.

"혹시, 제목을 단순하게 짓는 특별한 이유가 있나요?"

그는 멋쩍은 표정으로 말했다.

"아뇨, 제출 마감 시간까지 글을 붙들고 있다 보니 제목 고민할 시간이 없었어요."

과연 그러했구나! 한편으론 다행이란 생각이 들면서 그에게 제목의 중요성을 한 번 더 강조했다. 아무리 재미있고 감동적인 내용을 담아도 글은 누가 읽어주지 않으면 의미가 없다고, 제목이 독자를 부르는 역할을 하니까 마감 시간에 제목 짓는 시간을 포함하는 게 좋겠다고 말이다. 온라인 공간이라도 플랫폼에 따라 제목을 다르게 짓는 요령이 필요하다. 지금 이 책의 제목《어른의 문장력》으로 예를 들어보겠다.

1. 이메일 제목

이 책의 원고를 출판사에 투고한다고 가정해보자. 편집자는 하루에도 수많은 투고 메일을 받을 테니 메일 제목은 한눈에 잘 들어오고 내용을 가늠할 수 있어야 한다.《어른의 문장력》이라는 제목은 출간됐을 시 독자가 보는 제목이다. 즉, 타깃이 온오프라인 독자다. 하지만 이메일을 받는 사람은 출판사라는 사실! 그렇다면 누가 쓴 어떤 책인지를 알려주는 제목이 좋을 것이다.

- [투고] 방송작가가 알려주는 어른의 문장력
- [출판기획서] 어른의 문장은 달라야 한다

'어른의 문장력'이란 개념은 메일을 열어보기 전에는 알기 어려우니 보내는 사람의 특징을 간단히 넣었다. '어른의 문장력'이라는 키워드 자체에 궁금증을 유발하는 제목도 좋다.

2. 블로그 제목

책이 출간되었다. 블로그에 《어른의 문장력》이라는 책을 소개하고 홍보해야 하는 상황. 블로그 본문은 주로 이 책이 어떤 내용을 담았고 누구에게 필요할 것이라는 정보가 들어간다. 그렇다면 제목은 어떻게 짓는 게 좋을까?

- 글 잘 쓰는 법, 카톡이나 SNS에서 절대 이렇게 쓰지 말자

'나만 모르면 어쩌지' 하고 걱정하는 심리를 자극하는 제목이다. 앞에 굳이 '글 잘 쓰는 법'이라는 키워드를 넣은 이유는 검색엔진 블로그라는 형식을 고려했기 때문이다. 블로그 이웃도 내 블로그를 찾아오지만, 키워드 검색을 통해 내 글을 읽는 사람도 있다는 사실을 염두에 두었다. '내 글을 찾을 만한 사람들은 인터넷에 뭐라고 검색할까?'를 고민해보자.

3. 서평 제목

이번에는 이 책을 독자 입장에서 생각해보자. 책을 읽고 너무 감명 깊은 나머지(!) 자신의 브런치에 서평을 올리려고 한다. 제목은 어떻게 짓는 게 좋을까. 일단 '《어른의 문장력》을 읽고…'만은 피하자. 그런 제목을 보고 글을 읽고 싶은 사람은 없을 것이다. 평소 사람들이 문장 쓰기에 어떤 불편함과 욕구가 있는지를 파악하여 호기심을 불러일으키는 제목으로 짓는다. 어떤 책인지는 부제에 담으면 된다.

- 문자 한 줄이라도 정갈하게 쓰고 싶다면? : 이 책을 추천한다

4. SNS 제목(첫 문장)

SNS에서는 좋아요, 댓글, 공유 반응을 많이 일으키면 성공한 게시물이다. 그런데 페이스북이나 인스타그램처럼 SNS에는 제목란이 따로 없다. 사진이나 첫 문장이 제목 역할을 한다. 만약 출판사 인스타그램에서 이 책을 바이럴하는 목적으로 글을 올린다면 첫 문장은 이런 느낌 아닐까.

- 남자친구와 카톡 하다가 복장 터지는 순간

어른의 문장은,　　　　　　　　　　　　　　99
플랫폼과 목적에 맞는 제목이다.

작은 뉘앙스에도 예민한
'프로 불편러'가 되라

조지 오웰은 에세이집 《나는 왜 쓰는가》에서 인간이 글을 쓰는 동기를 네 가지로 분류했다. 첫째는 개인의 이기심, 둘째는 미학적 열정, 셋째는 역사적 충동, 넷째는 정치적 목적이라고 말이다. 여기서 정치적 목적을 광범위하게 해석하면 타인의 생각을 특정 방향으로 바꾸려는 의도를 뜻한다.

글은 한 사람의 인생과 생각을 반영하므로 크건 미미하건 영향력을 갖고 있다. 내가 쓴 글이 기왕이면 남에게 선한 영향을 미치면 좋겠다고 생각했다. 그게 너무 큰 욕심이라면 적어도 편견이나 고정관념을 재생산하거나 강화하는 글을 쓰지 말자고 다짐했다. 예민한 감수성을 잃지 않으려고 나는 퇴고할 때만큼은 '프로 불편러'가 되었다.

예를 들어, 아래와 같은 문장이 있다.

- 세탁기를 돌리고 나니 산더미 같은 설거지가 날 기다리고 있다. 설

거지를 끝내니 거실에 널려 있는 장난감부터 껍질처럼 벗어놓은 옷가지가 눈에 밟혔다. 엄마가 해야 할 일은 해도 해도 끝이 없다.

별문제가 없는 문장이지만 조금은 삐딱한 시선으로 바라보는 것이다. '엄마가 해야 할 일'이란 표현이 마음에 걸린다. 여전히 집안일 대부분은 가족 구성원 중 엄마가 가장 많이 하고 있지만, 그렇다고 대놓고 '엄마가 해야 할 일'로 규정해버리면 그 일은 당연해진다. 집안일이 제대로 안 되어 있으면 엄마 탓이 되어버리는 것이다.

[퇴고한 글]
- 세탁기를 돌리고 나니 산더미 같은 설거지가 날 기다리고 있다. 설거지를 끝내니 거실에 널려 있는 장난감부터 껍질처럼 벗어놓은 옷가지가 눈에 밟혔다. 집안일(혹은 아이 뒤치다꺼리는)은 해도 해도 끝이 없다.

또 다른 예문을 살펴보자.

- 전과자는 위험하므로 이사 가기 전에는 인터넷에서 그 지역 성범죄를 조회해보아야 한다.
- 여자는 걸려오는 전화를 받더니 큰 소리를 내며 싸우기 시작했다. 밖에서 대놓고 담배를 피울 때부터 성격이 보통은 아닐 거라 예상

했다.

- 제시카는 서양인이라 그런지 육류를 즐겼다. 내가 비빔밥을 권했지만 극구 거절했다.
- 역시 여자는 꾸미기 나름이다. 달라진 수현의 모습에 그는 눈을 떼지 못했다.

전과자가 위험하다고, 담배를 피우는 여자는 성격이 사납고, 서양인은 고기를 좋아하며 여자는 꾸미기 나름이라고 본인이 생각할 수는 있다. 특히 직간접적으로 그러한 경험을 했다면 믿음은 더욱 굳건할 것이다. 그러나 억울하게 감방살이를 했거나 개과천선을 다짐한 전과자도 있다. 끽연과 성격은 무관하며 채식을 선호하는 서양인이 늘고 있다.

자신의 편견을 진리나 당연한 것처럼 글에 쓰는 사람이 많아지면, 가랑비에 옷 젖듯 사회 편견이 더 강화된다고 믿는다. 내가 쓴 글이 사회 약자나 소수, 혹은 특정 집단에 행여 피해를 주지 않도록 경계하는 태도는 쓰는 사람이 가져야 할 최소한의 도리이다.

[퇴고한 글]
전과자는 위험하므로 이사 가기 전에는 인터넷에서 그 지역 성범죄를 조회해보아야 한다.
→ 불안하다면 이사 가기 전에 인터넷에서 각 지역 성범죄자 조회를

하는 방법도 있다.

여자는 걸려오는 전화를 받더니 큰 소리를 내며 싸우기 시작했다. 밖에서 대놓고 담배를 피울 때부터 성격이 보통은 아닐 거라 예상했다.
→ 여자는 걸려오는 전화를 받더니 큰 소리를 내며 싸우기 시작했다. 밖에서부터 줄담배를 피우던데 심각한 일이 생긴 모양이다.

제시카는 서양인이라 그런지 육류를 즐겼다. 내가 비빔밥을 권했지만 극구 거절했다.
→ 제시카는 어려서부터 육류 위주로 먹었다고 했다. 내가 비빔밥을 권했지만 극구 거절했다.

역시 여자는 꾸미기 나름이다. 달라진 수현의 모습에 그는 눈을 떼지 못했다.
→ 수수하게 다니던 수현이 한껏 꾸미고 나온 모습을 보고 그는 눈을 떼지 못했다.

단, 나에게 어떠한 편견이 있었는데 사라졌다거나 내가 편견을 갖고 있었다는 사실을 새롭게 깨달았다는 내용은 별개이다.

[퇴고가 필요 없는 글]

- 나는 그동안 여자만 꾸미기 나름인 줄 알았다. 남자 역시 어떻게 스타일링 하느냐에 따라 이미지가 달라졌다.
- 줄담배를 피우는 모습을 보고 고집스런 성격인줄 알았는데 누구보다 공손한 친구였다.

편견이 없는 건강한 글은 건강한 정신에서 나온다. 나도 모르게 기울어진 생각은 없는지, 무심코 끄적인 글이 누군가에게 상처를 주지는 않는지 퇴고하면서 꼼꼼하게 살펴보자.

5장

어른의 문장을 위한 평소 습관

형식을 무시하는 사람이
무시당한다

13년간 몸담았던 방송작가 일을 그만둔 지 얼마 안 됐을 때였다. 목적지를 잃은 드론처럼 갈피를 못 잡고 있는데 유튜브 알고리즘이 나를 자기 계발 영상으로 이끌었다. 종일 늘어져 있는 나와는 다르게 새벽 4시 30분부터 일어나 하루를 꽉 채워 사는 사람들을 보며 신기하기도 하고 자극을 받았다. '그래, 이러고 있을 때가 아니지! 그동안 시간 없다고 못 읽은 책 읽고, 글도 쓰는 거야.' 마침 무료 독서 모임 회원을 모집한다는 내용이 영상 자막에 흘렀다. 나는 유튜브에서 안내한 메일로 신청서와 서평을 제출했고 모임에 합류하게 됐다. 나중에 알고 보니 무려 10:1의 경쟁률을 뚫고 뽑힌 참여자였다. 아파트 청약도 아니고 독서 모임 경쟁률이 이토록 높다니! 자기 계발에 관심 있는 사람들 사이에 꽤 유명한 채널이었던 것이다.

독서 모임에서 몇 개월 열심히 활동하다 보니 모임장을 맡게 됐다. 모임장에게는 다음 기수 참여자를 뽑는 권한이 있었다. 모집원에 비해 지원자가 많다 보니 신청서 내용을 살펴보고 진정성 있게 참여할 것 같은 사람을 추려야 했다. 도대체 어떤 기준으로 모임원을 뽑아야 할지 난감했다.

모임장들이 모두 모여 회의를 하는 날이었다. 독서 모임 회원을 뽑는 일이 나만 어려웠던 건 아닌 모양이었다. 만나자마자 다들 고민을 한 보퉁이씩 풀어놓았다. "신청서를 읽어보니까 다들 의욕이 활활 넘쳐요. 모처럼 책을 읽으려고 지원했는데 함께 못 한다는 말을 하기가…" "그러게요. 어떤 기준으로 뽑아야 할지도 모르겠고요."

모두 웅성거리는 가운데 이미 몇 차례 모임을 끌었던 선배 모임장이 차분한 목소리로 말을 꺼냈다. "저는 다 뽑았어요." 우리는 놀랍고도 부럽다는 표정으로 그를 바라보며 다음 말이 나오길 기다렸다. "신청서 양식에 맞게 쓴 사람을 우선 추렸어요. 그랬더니 몇 명 안 남더라고요?"

그의 기준은 단순했다. 예를 들어, '띄어쓰기와 부호 없이 전화번호를 입력해주세요.'라는 신청서 지문에 01066778899는 괜찮지만, 010-6677-8899 혹은 010.6677.8899, 010 6677 8899 형식으로 쓴 사람은 뗄구었다. '자기소개를 500자 내로 써주세요'라는 지문에 열정을 담아 1,000자를 쓴 사람도 제외시켰다. 서평을 2개 제출해달라고 했는데 1개만 내거나 5개를 보낸 사람, 이메일 주소에 오타를 쓴 사람, 대답 양식을 실수로 하나 건너뛴 사람은 탈락시켰다고 했다.

어리둥절했다. 독서 모임을 얼마나 하고 싶었으면 자기 소개를 500자만 쓰라고 했는데 1,000자나 썼을까. 휴대폰 번호 중간에 부호를 붙였다는 이유만으로 탈락시킨다니 너무 모질게 느껴졌다. 어리석거나 게으른 기준이라고 생각했다. 나는 시간이 좀 들더라도 지원자의 신청서를 하나하나 꼼꼼히 검토했고, 좀 더 '간절해 보이는 사람'이라는 주관적 기준으로 모임원을 꾸렸다. 그것이 최선의 기준이라고 판단했다.

하지만 나는 선배 모임장의 기준을 점점 이해하게 됐다. 신청서에 썼던 '간절함'은 시간이 지나면서 퇴색되는 경우가 많았다. 개인적인 사정이 생겨서 모임을 그만두거나 뒷전으로 여기는 이들이 나타났다. 신청서 양식을 어겼던 사람은 모임을 하면서도 비슷한 실수를 하거나 모임 분위기를 흐리는 행동을 했다. 블로그 주소를 쓰는 칸에 엉뚱하게 이메일 주소를 넣었던 사람은 서평 마감일을 잘 지키지 않았다. 선배 모임장은 내용보다 '태도'를 보았던 것이다. 내용은 얼마든지 꾸며도 태도는 숨기기 어려운 법이니까.

신청서를 작성하면서 '실수하지 않으려는 노력'을 한 사람은 신중했다. 규칙과 분량을 지키는 사람은 배려와 센스가 있었다. 지원서 양식이 정해져 있는 데는 사유가 있었다. 전화번호를 부호 없이 붙여서 내야 수많은 인원의 번호를 통합해서 관리하기 편리했다. 양식에 틀린 정보가 들어가면 누군가 그것을 일일이 찾아내서 고쳐야 했다.

다음 모임을 꾸릴 때는 선배 모임장의 말을 참고했다. 신기하게도 그의 말대로 '기본 원칙'을 지키는 사람만 추려도 회원 수가 저절로 정리됐다. 그만큼 간단한 지시에 따르지 않거나 오타 등 실수를 하는 사람이 넘쳤다. '이메일 주소를 오타 없이 정확히 입력해주세요'라는 단순한 요청에 제대로 응답하지 못하는 사람이 꽤 많다는 사실은 어딘지 모르게 씁쓸했다.

나 역시 실수 없는 사람이겠는가. 급한 마음에 첨부파일을 빠뜨리고 메일 보내기를 반복했던 과거가 있다. 다만, 기본에만 충실해도 해결되는 많은 일이 있다는 사실을 배웠다. '나는 운이 없는 편이야'라고 말했지만, 그 운을 만드는 것 역시 나의 무의식적인 습관일 때가 많았다. 어른의 문장은 기본을 지키는 일에서 시작한다. 그것은 상대를 배려하는 마음, 나를 대하는 엄정한 태도에서 나온다.

어른의 문장은,
작은 규칙도 성실하게 지킨다. 99

문장이 한결 돋보이는
문장부호 사용법

글쓰기 모임을 운영하면서 새로운 인연을 줄곧 맺고 있다. 전국 팔도에 일본, 독일, 핀란드 등 해외에서 사는 20대부터 60대까지 다양한 지역과 연령대 사람들이다. 직접 얼굴을 본 사람, 글로만 만난 사이도 있다.

지역이나 연령층만큼 다채로운 것이 글벗들의 글쓰기 습관이었다. 나는 글쓰기 코치로 피드백 하는 역할을 맡았으니 이들이 무의식적으로 반복하는 나쁜 글쓰기 습관을 찾아서 일러주곤 했다. 주로 글의 가독성을 해치는 표현이었다. 모든 문장을 '~인 듯하다' '~할 것 같았다'로 마무리 짓는 소심형, '~되어졌다'를 포함한 피동형으로 끝내기를 즐기는 피해자형, 매 단락을 '나는 ~ '으로 시작하는 나르시시스트형 등, 그 유형도 다양하다.

이런 서술 형식은 타고난 성격도 영향을 미치지만 오랜 세월에 걸쳐 차곡차곡 쌓아 올린 그야말로 철옹성 같은 습벽이다. 한 번 몸에 밴 버릇은 쉽게 고쳐지지 않듯, 글쓰기 습관도 마찬가지다. 우선 자신에게 어떤 습관이 있는지 인지하는 것이 문제해결의 첫 번째 열쇠이다. 그다음은 스스로 만든 '퇴고 체크리스트'를 확인하며 자신이 무의식적으로 반복하는 안 좋은 표현을 골라내야 한다. 글쓰기 선생이 있다면 거듭 피드백을 받는다. 각고의 노력 끝에 겨우 습관을 고친다.

하지만 단번에 고칠 수 있는 습관도 있다. 바로, 잘못된 문장부호 사용이다.

글쓰기 모임원 중에 모든 문장이 끝날 때마다 마침표 대신 '말줄임표'를 찍는 이가 있었다……. 말을 줄이려는 의도는 없었지만 그가 쓴 모든 문장 말미에는 도마뱀 꼬리처럼 말줄임표가 달려 있었다……. 나는 그가 글쓰기 모임에 들어오기 전에 블로그에 썼던 글들을 하나하나 클릭하여 살펴보았다……. 역시나 몇 년 전부터 반복해온 의미 없는 습관이었다…….

스토리텔링 능력이 뛰어난 분이었다. 안타깝게도 글에 말줄임표가 너무 많이 붙어서 몰입감이 떨어졌다. 내용을 제대로 읽어볼 마음이 안 드는 것이다. 나는 조심스레 물어보았다. 한 문장을 마칠 때마다 말줄임표를 쓰는 특별한 이유가 있느냐고. 그는 그냥 예전부터 쓰던 습관이라고 멋쩍어하면서

'그러면 안 되는 거예요?'라고 되물었다.

　깨알보다 작은 점 몇 개지만 그 위력은 작지 않다. 직장인을 위한 콘텐츠를 만드는 '직장내일' 인스타그램에서 발견했던 카드 뉴스가 떠오른다. '말줄임표'가 만들어내는 차이를 보여주는 내용이었는데 박수를 치며 공감했다.

- 이거 누가 한 거예요?　　　→ 대단한 결과물을 발견
- 이거… 누가… 한 거예요?　　→ 대단히 구린 결과물을 발견

- 괜찮아요!　　　　　　　　→ 괜찮음
- 괜찮아요…!　　　　　　　→ 안 괜찮음

- 밥 먹고 하시죠　　　　　　→ 점심밥
- 밥 먹고 하시죠…　　　　　→ 저녁밥

　줄표(―)나 붙임표(-) 대신, 모음 'ㅡ'를 문장부호처럼 쓰는 분도 계셨다. 설명을 보충하고 싶은 단어뿐만 아니라, 강조하고 싶은 단어 앞뒤에도 'ㅡ'를 붙였다.

　ㅡ인생에도 쉼표ㅡ한 템포 쉬어가는 휴식ㅡ가 필요하다.
　ㅡ휴식은 더 이상 선택이 아닌 ㅡ필수ㅡ다.
　ㅡ마침표ㅡ를 찍지 마라

역시 이유를 물어보니 쓰기가 편해서라고 했다. 알고 보니 그는 주로 스마트폰으로 글을 썼는데 '—'를 쓸 때는 원래 쓰던 한글 자판을 그대로 쓰지만 문장부호인 '–'를 입력하려면 특수문자로 모드을 바꾼 후 기호를 찾아야 하니 입력하기 번거롭다는 것이었다.

내가 편하게 쓴 글은 남에게는 불편하기 쉽다. 습관을 고쳐 보시라고 일러주었고, 두 분 다 바로 다음 글부터 문장부호를 올바르게 썼다. 문장부호의 중요성을 간과했을 뿐, 누구보다 읽히는 글을 쓰고 싶었던 분들이었다. 나 혼자 보려고 끄적이던 일기에서 독자를 의식하여 문장을 쓰는 작가로 다시 태어나는 순간이었다.

마침표나 쉼표와 같은 문장부호를 하찮게 보아서는 안 된다 마침표 없이 긴 글을 쓰면 읽는 사람은 어디서 멈춰야 할지 몰라 숨을 헐떡이다가 호흡 곤란이 와서 쓰러질지도 모른다 마치 휴게소 한 번 들르지 않고 서울에서 부산까지 차를 몰고 달리는 것 마냥 상상만 해도 방광이 미어지는 기분이 든다

쉼표와 마침표를 어디에 찍느냐에 따라 문장의 리듬이 살고 죽는다. 매끄럽게 잘 읽히기도 하고 덜컹거리며 끊기기도 한다. 즉, 내용을 이해하게 쉽게 하거나 반대로 어렵게 만들기도 하는 것이다. 작가가 강조하고 싶은 부분에 스포트라이트를 비추는 역할도 한다.

그렇다고 남발하는 것은 좋지 않다. 마침표야, 문장이 끝

날 때마다 찍으면 되니 간단하지만 쉼표를 언제 찍어야 할지 모르는 이들이 많다. 쉼표를 찍어야 하는 때는 다음과 같다.

1. 같은 자격의 어구를 열거할 때 그 사이에
- 근면, 검소, 협동은 우리 겨레의 미덕이다.

2. 짝을 지어 구별할 때
- 닭과 지네, 개와 고양이는 상극이다.

3. 이웃하는 수를 개략적으로 나타낼 때
- 5, 6세기

4. 열거 순서를 나타내는 어구 다음에
- 첫째, 몸이 튼튼해야 한다.

5. 문장의 연결 관계를 분명히 하고자 할 때 절과 절 사이
- 떡국은 설날을 대표하는 음식인데, 이걸 먹어야 비로소 나이도 한 살 더 먹는다고 한다.

6. 부르거나 대답하는 말 뒤에
- 선영아, 이리 좀 와 볼래.

7. 한 문장 안에서 앞말을 같은 어구로 다시 설명할 때

- 인간관계는 말과 관련한 예의, 즉 언어 예절을 갖추는 것이 중요하다.

8. 특별한 효과를 위해 끊어 읽는 곳을 나타낼 때

- 이번 승부는 바로 우리가, 우리만이, 승리할 것이다.

[출처] 국립국어원 문장부호 해설(2014)

쉼표가 들숨이라면, 마침표는 날숨이다. 쉼표가 의도적인 유혹이라면, 마침표는 아련한 여운이다. 쉼표는 비틀거리지만 마침표는 단호하다. 쉼표와 마침표의 스텝이 엉키지 않고 자연스러워야 말쑥한 글 한 편이 완성된다. 글 쓰는 무용수는 이를 명심하자.

책 제목이나 헤드라인은 본문이 아니므로 마침표를 찍지 않는다는 사실도 기억해두자.

어른의 문장은,　　　　　　　　　　　　　　　99
문장부호를 제때 찍는다.

소통의 적,
허세와 기름기 걷어내기

어느 날, 집 앞 횡단보도를 건너다가 시에서 학생들 문해력 수업을 지도할 강사 인력을 모집한다는 현수막을 발견했다. 글자를 읽고 해석하고 활용할 줄 아는 능력, 문해력은 어릴 때부터 키워야 효과적이다. 성인 대상으로 글쓰기 강의를 해왔던 나는 아이들을 가르치는 일이 궁금하기도 했다. 사명감 반, 호기심 반으로 강사에 지원했고 서류와 면접을 통과했다.

하반기에 초등학교에 들어가 방과 후 수업을 진행하려면 상반기 동안은 강의 기법을 배우고 시범 강의를 직접 짜는 강사 교육훈련을 받아야 했다. 코로나 때문에 한동안 비대면 화상으로 수업을 했는데, 나는 이 기간만큼은 강사에서 학생 신분으로 돌아가 하루에 3시간씩 열심히 공부했다.

그러나 열혈 학생이었던 나에게도 하품이 쏟아지고 딴생

각에 잠기는 순간이 있었으니! 학교에 투입 전 교육부의 개정 교육과정, 지역 교육공동체를 이해하는 수업 시간이었다. 교육 담당자는 아래와 같은 문장으로 꾸며진 PPT 화면을 화상 회의에 공유하며 설명을 이어갔다.

- 새로운 시대가 요구하는 창의융합형 인재양성 및 행복한 학습 구현
- 학습 과정에 대한 성찰 그리고 삶과 연계한 학습
- 교육청과 지자체 간 지속가능한 지역교육 협력체제 구축
- 지역 특성에 맞는 다양한 교육 협력모델 개발과 확산 지원 사업
- 미래 교육 지표의 대안 혹은 해답 제공
- 학교, 지역, 행정기관의 거버넌스

자꾸만 눈의 초점이 흐려졌다. '도대체 무슨 이야기를 하고 싶은 거죠?'라는 삐딱한 마음의 소리를 꾹 삼켰다. '훌륭한 교육공동체를 만들자'라는 거대한 밑그림만 있을 뿐, 구체적으로 '어떻게'가 보이지 않았다. '창의융합형 인재'는 어떤 인재이며 '삶과 연계한 학습'은 무엇이고 '다양한 교육 협력 모델'과 '미래 교육 지표'가 무엇인지 나는 도무지 알 방도가 없었다. 아마 함께 교육을 받았던 강사님들도 마찬가지 아니었을까. 우리는 공허한 문장을 바라보며 '맞아, 옳지!' 하는 표정으로 고개를 주억거리고만 있었다.

논픽션 작가이자 저널리스트인 윌리엄 진서는 《공부가

되는 글쓰기》에서 명사와 현학적인 전문용어로 점철된 글을 '조직 구성원들이 자신이 조직 내에서 중요한 존재라는 느낌을 가질 뿐, 아무 뜻도 없는 단어'라며 비판했다. 공감 가는 말이다. 안타깝게도, 두루뭉술하고 허세 섞인 문장은 정부나 교육기관에서 특히 많이 보인다. 피부로 와닿는 정책과 제도가 필요한 현장이라 더더욱 아쉽다.

쓰는 사람의 흐뭇한 기분이 아닌, 정확하고 친절한 메시지가 중심이 되려면 우선 허세를 덜어내야 한다. 명사로 꽁꽁 묶인 개념을 동사로 헐렁하게 풀어주면 한결 낫다.

[허세 덜어내기]

학습 과정에 대한 성찰 및 삶과 연계한 학습
→ 학습 과정을 되돌아보고 삶과 공부가 연결되게 한다.

미래 교육 지표의 대안 혹은 해답 제공
→ 앞으로 나아가야 할 교육 방향을 알려준다.

지역 특성에 맞는 다양한 교육 협력모델 개발과 확산 지원 사업
→ 지역 특성에 맞는 다양한 교육 본보기를 만들고 이를 지원한다.

추상적인 개념 명사를 친숙한 동사로 바꾸는 것이다. 딱딱하게 말라 비틀어져 있던 문장에 생기가 돈다. 물론 대체하

기가 어려운 전문용어나 개념은 그 뜻을 훼손하면서까지 바꿔서는 안 된다. 하지만 위 정도의 교체는 뜻 전달에 무리가 없을 것이다.

허세 못지않게 어른의 문장을 망치는 표현은 지나친 외래어를 써서 문장을 번들번들 기름지게 하는 것이다. 가끔 SNS에 뜨는 광고를 보다가 김치 한 점이 절박해질 때가 있다.

[기름기가 가득한 문장]
- 미니멀하고 고급스러우면서도 힙스러운, 우리가 애정하는 무드로 메이드했어요. 투웨이 버튼으로 다양한 연출이 가능한 디테일을 살린, 딱 꾸안꾸 스타일!
- 로스티드 아몬드와 시트러스가 매력적인 풍미. 브라운 슈거에 졸인 과일 콤포트와 은은한 시나몬향이 소프트한 텍스처와 조화롭습니다.

느끼한 문장과 아련한 필터를 씌운 사진의 콜라보! 어떤 감성, 아니 '갬성'을 전하고 싶은지는 알겠지만 과도한 기름기에 온몸이 미끌거리는 듯 하다.

어른의 문장이 읽는 사람을 배려한 친절한 문장이라면, 허세와 기름기가 낀 문장은 자아도취에 빠진 문장에 가깝다. 사람도 허세가 가득하거나 느끼하면 피하게 된다. 마주했을 때 마음이 불편하기 때문이다. 읽었을 때 편안한 담백한 문장이 사랑받는다. 마음 문을 활짝 열고 거부감 없이 받아들이니 시 위에서 날아간 메시지가 타깃의 과녁에 정확히 꽂힌다.

어른의 문장은,
허세와 기름기가 없고 담백하다.

"

빠른 대답을 원하면
대상을 지명하라

한 청년이 심장마비로 길가에 쓰러진 50대 남성에게 심폐소생술을 해 살렸다는 뉴스가 흘러나왔다. 뒤늦게 도착한 구조대원은 조금만 늦었어도 생명이 위태로울 뻔했다며 청년의 순발력과 용기를 칭찬했다. '비슷한 상황이 닥치면 나는 어떻게 할까?' 갑자기 두려움이 엄습했다. 옆에서 함께 뉴스를 보던 남편에게 물었다.

"심폐소생술 할 줄 알아?"

"그럼, 예전에 회사에서 안전 교육할 때 배웠어. 자기는 몰라?"

"나? 모르는데."

큰일이었다. 내가 쓰러지면 남편은 나를 살리겠지만, 남편이 쓰러지면 나는 남편을 살릴 줄 모르니 결국 혼자되는 건 나쁜 아닌가!

인터넷에서 검색해보니 심폐소생술 교육을 해주는 프로그램이 있어서 바로 신청했다. 드디어 교육 날, 체험 교실로 들어가자 나보다 먼저 도착한 교육생 너덧 명이 섬뜩하게 누워 있는 상반신 더미 옆에 앉아 있었다. 교육 강사님은 본격적인 가슴 압박에 들어가기 전 행동 지침부터 알려주었다.

쓰러진 사람의 가슴 위를 양손으로 두드리며 "저기요! 저기요! 제 말 들리세요?" 먼저 외친다. 그에게 아무 반응이 없으면 지나가는 사람에게 119를 불러 달라고 소리친다. 바로 두 손으로 명치 부근을 압박하며 심폐소생술을 하는데 4분이 넘도록 뇌로 혈액이 가지 않으면 뇌사상태에 빠지니 최대한 빨리 시작하고 멈추지 말라고 했다.

"여기서 중요한 점이 있어요."

강사님의 한 톤 낮아진 목소리에 우리는 주목했다.

"주변 사람에게 도움을 요청할 때는 특징을 지목해야 합니다. '거기, 까만 뿔테안경 쓰신 분, 119에 신고 좀 해주시고요, 그 옆에 줄무늬 티 입으신 분! 근처 건물에서 제세 박동기 찾아와주세요!'라고."

불특정 다수에게 무언가를 요구할 때는 사람을 콕 짚어서 말해야 그 사람의 행동을 촉발한다고 했다. 그렇지 않으면 '굳이 내가 아니더라도 누군가 하겠지.' 하는 심리를 모두가 가지는 바람에 대처가 늦어질 수 있다는 것. 한시가 급한 상황이니만큼 긴요한 정보였다.

알다가도 모를 사람 마음이다. 어떻게 해야 하는지 알고 돕고 싶어도 막상 그 상황이 되면 나서기를 주저한다. '꼭 내가 해야 하나' '너무 나대는 것 아닌가'하며 몸을 사린다.

한 해충 업체의 마케팅 성공 스토리가 떠오른다. 해충 스프레이에 '모든 해충 박멸'이라고 써 붙인 라벨을 '개미 박멸' '바퀴 박멸' '모기 박멸'로 바꾸자 판매가 급증했다고 한다. 메시지가 아무리 좋아도 나랑 직접적인 관계가 있다는 생각이 안 들면 와 닿지 않고 힘도 약해진다.

문장 소통에서도 마찬가지다. '다 맛있어요'라고 말하는 맛집은 엉터리이듯, 모두를 위한 글은 없다. 특히 신속하고 정확한 피드백을 요구하는 상황이라면 행동을 해야 할 사람이 누구인지를 지목하는 편이 좋다. 나는 다양한 온라인 모임 단톡방 안에 소속해 있는데 누가 나를 부르거나 나에게 질문하면 가능한 몇 분 안에 응답하지만, 다른 재미있는 일이 있을 때 솔직히 모른 척한 적도 있다. 그러나 예외가 있다.

"글밥 님! 물어볼 게 있는데요"로 시작하는 미리 보기가 뜬 메시지 창은 바로 열어보지 않을 수 없다. 지목을 당하는 순간 어서 대답해야 할 것만 같은 기분이 들기 때문이다. 단톡방 대화 속에서 유독 자신의 글이 묻히거나 답변을 받지 못하는 사람이라면 지명하는 방법을 써먹어 보길 바란다.

흥미로운 점은 그룹 채팅방뿐만이 아니라 1:1 대화에서도 그냥 '오늘까지 알려주실 수 있나요'와 '○○님, 오늘까지 알려주실 수 있나요?'처럼 이름을 넣는 것은 반응 속도나 온도가 미묘하게 달라진다는 점이다. 이름은 수많은 사람 중 '나'라는 사람을 구별하는 가장 직관적인 상징이다. 누구나 이름을 앞에 내걸면 온순해진다. 평소에는 온순한 사람이 운전석에서는 난폭해지거나 온라인에서 악플을 일삼기도 한다. 모두 익명의 상황이다. 이름에는 실제로 무게가 있는 것 아닐까. 이름을 떼고 체중계에 올라가면 몸무게가 500g이라도 줄어들지 않을까 하는 상상을 해본다.

꼭 심폐소생술처럼 긴박한 일에만 지명하란 법도 없다. 일상대화를 나눌 때 중간중간 한 번씩 나긋한 목소리로 상대의 이름을 불러주는 건 어떨까. 나는 지금 당신에게 온전히 집중하고 있다는 느낌이 들게끔 말이다.

어른의 문장은,
대화 상대를 정확하게 지목한다.

묘사는
구체적일수록 좋다

대화를 나눌 때 유독 즐거운 친구가 있다. "어제 재미있는 일이 있었는데."로 시작해 자신이 보고 듣고 느낀 상황을 생동감 넘치게 풀어낸다. 듣고 있자면, "오, 그래서!" "진짜?" 감탄사와 다음을 재촉하는 반응이 절로 나온다. 다 듣고 나면 시트콤이나 드라마 한 편을 본 기분이다. 언변의 마술사, 이야기꾼이 주변에 한둘은 있을 것이다.

그런가 하면, 턱관절에 힘을 주며 하품을 참아야 하는 친구도 있다. 처음에는 집중해서 듣다가도 나도 모르게 지루함의 늪에서 빠져나올 궁리를 한다. '음, 언제 끝나는 거지.' 정신을 다시 끌어모아 보지만 머릿속은 이미 저녁 메뉴를 고민하고 있다. 텅 빈 동공으로 고장 난 기계처럼 고개를 끄덕거리며.

둘의 차이는 무엇일까. 전자는 기승전결을 잘 활용하고

중요한 맥을 놓치지 않는다. 뛰어난 묘사력을 갖췄다. 상대방이 눈앞에서 장면을 보거나 듣게 만든다. 어떨 땐 후각까지 지원한다. 팔뚝에 오소소 소름이 끼치게도 만든다. 상황을 추상적으로 표현하거나 단순하게 뭉뚱그리지 않고, 구체적이고 확실하게 표현한다. 예를 들어 배가 아픈 상황을 생각해보자.

"나, 배가 이상해."

"왜, 어떻게 이상한데?"

"아 모르겠어, 그냥 이상하게 아파."

추상적이고 뭉뚱그리는 소통법이다. 구체적이고 확실한 소통법은 이렇다.

"나, 배가 이상해."

"왜, 어떻게 이상한데?"

"명치 쪽을 바늘로 콕콕 찌르는 것 같아. 배꼽 위에서 팽이가 빙글빙글 도는 느낌?"

똑같은 상황이라도 어떤 소통법을 선택하느냐에 따라 메시지에 실리는 힘이 달라진다. 추상적이고 뭉뚱그리는 소통법은 상대방에게 자신의 고통을 공감하게 만들기 어렵다. 약을 먹어야 할지, 먹는다면 어떤 약을 먹어야 할지, 아니면 빨리 병원으로 가봐야 할지, 어떤 조치를 해야 할지 결정하기가 힘들다. 반면 구체적이고 확실한 소통법은 상대방도 내 상태에 공감하기 쉬우며, 증상을 검색하거나 의사를 찾아가는 등 빠르고 정확한 조치를 할 수 있다.

재미있는 에피소드를 전달할 때도 마찬가지다. 똑같은 이야기라도 어떻게 전달하느냐에 따라 눈물이 찔끔 나게 웃기도, 무릎이 탁 풀리면서 허탈해지기도 한다.

"어제 우스운 장면을 봤어."

"어떤?"

"공원에서 어떤 여자한테 남자가 말을 거는데 그 여자의 남자친구가 나타난 거야. 당황했는지 얼른 뒤돌아가는데 너무 웃겼어."

"?"

추상적이고 뭉뚱그리는 소통법이다. 구체적이고 확실하게 소통하면 대화는 이렇게 바뀔 것이다.

"어제 우스운 장면을 봤어."

"어떤?"

"공원 벤치에서 커피 마시면서 친구를 기다리고 있었어. 내 옆에 미모의 한 여성이 서 있었거든. 나도 자꾸 시선이 가더라고. 근데 앞 벤치에 있던 남자가 자꾸 그 여자를 힐끔힐끔 쳐다보더라? 그러더니 갑자기 다가가서는 '저 혹시 연락처 좀…' 하는 거야!"

"오, 그래서?"

"여자 표정이 뭔가 불안해 보이더라? 화장실에 갔던 남자친구가 돌아온 거지. 와, 한 덩치 하더라고. 연락처 물어봤던 남자가 갑자기 아무 일도 없었단 듯 시계를 보면서 뒤돌아 가더라. 어찌나 자연스럽던지!"

마치 그 자리에 같이 있었던 것처럼 느껴지게 만드는 방법, 구체적이고 확실한 소통법이다.

그림 그리듯 말하고 쓰려면 평소 하위 범주 단어를 찾아보려고 노력하는 게 도움이 된다. 예를 들어, 그냥 꽃이라고 부르지 말고 수레국화, 제라늄, 개망초, 백일홍이라 부르는 것이다. 호기심을 갖고 사물을 관찰하는 습관이 먼저다. 나는 하루에 한 번 동네 산책할 때 마주치는 꽃들의 이름을 거의 다 안다. 지나치지 않고 검색했기 때문이다(꽃 사진을 찍으면 이름을 알려주는 앱이 있다). 경주에서 본 줄기가 구불구불 멋드러진 나무 이름이 '배롱나무'였다는 사실을 겨우 찾아내고는 진심으로 기뻐했다. 스티븐 킹이 말하는 '연장통'이 두둑해진 기분이랄까.

거두절미하고 핵심만 전달해야 할 때가 있고, 그림을 그리듯 풍성하게 말해야 좋은 순간도 있다. 시간이 촉박하다거나, 비즈니스 대화를 하는데 풍경화를 그릴 필요는 없다. 다만, 일상 속에서 대화를 나눌 때는 예리한 펜을 잠시 내려두고 다양한 호수의 붓으로 그림을 그려보는 것은 어떨까.

**어른의 문장은,
상황을 구체적으로 묘사한다.** 99

말하듯 글 쓰고
글 쓰듯 말하라

친정집은 내 나이보다 오래된 낡은 연립주택으로 재개발을 앞두고 있다. 페인트가 벗겨진 현관문을 열면 눈앞이 바로 아담한 마루다. 거실보다 '마루'라는 표현이 더 어울리는 까닭은 천장, 벽, 바닥 할 것 없이 사방이 목재로 이루어졌기 때문이다. 기하학무늬 패턴의 천장 한구석은 급하게 보수한 티를 내며 색깔이 다른 나무 타일이 덕지덕지 붙어 있다. 집도 늙는다는 사실을 나는 결혼하고 깨달았다. 신혼집은 경기도 신도시에 있는 아파트다. 아파트 생활을 하다가 한 달에 한 번 친정집에 갈 때면 나는 새삼스러운 불편함에 놀라곤 했다. 이렇게 덥고, 이렇게 추웠다니. 내방이 이렇게 작았다니. 이 좁은 집에서 내 몸이 삼십 년 넘게 커졌다는 사실이 때로는 꿈처럼 느껴졌다.

모처럼 친정집에 온 가족이 모인 어느 여름밤이었다. 텁텁한 실내 공기를 바꾸려고 마루 베란다 창문을 활짝 열어젖혔다. 저 멀리 북한산자락 실루엣이 보일 만큼 시야가 맑은 밤이었다. 아빠와 우리 부부, 동생 내외에 조카 둘까지 밥상 앞에 둘러앉자 안 그래도 좁은 마루가 빠듯해졌다. 엄마는 부엌에서 접시를 들고 달달 거리는 선풍기를 지나 밥상에 도착했다. 귀퉁이가 닳은 밥상에 노릇노릇 구운 삼겹살이 놓였다. 먹성 좋은 첫째 조카가 뜨거운 줄도 모르고 맨손으로 덥석 삼겹살을 쥐었다.

아이는 다섯 살 또래보다 몸이 크고 살집이 야무졌다. 가무잡잡한 피부에 볼록 나온 올챙이배, 보리 찐빵을 붙여놓은 듯 통통한 양 볼. 도톰하게 오른 손등 발등. 가만히 보고만 있어도 군침이 돌 만큼 사랑스러운 아이였다. 어린이집을 다니면서 어휘를 익혔는지 제법 문장을 구사했다. 매운 기색도 없이 "불광동 할머니 김치가 제일 맛있어요." 했고, 빈 공기를 내밀며 "된장찌개 더 주세요. 호박 많이요." 자신의 의사를 명확하게 표현했다.

엄마에게 빼앗긴 삼겹살은 가위로 작게 잘라졌다. 뾰로통한 표정으로 작게 자른 삼겹살을 그보다 더 작은 입술로 우물거리던 아이가 문득 창밖으로 시선을 돌렸다. 초승달이 뜬 새까만 하늘을 한참이나 올려다보더니 큰소리로 또박또박하게 말했다.

"우아, 별이 참 많다. 아름답다."

누가 일시 정지 버튼이라도 누른 것처럼 3초쯤 말문이 막혔던 우리 가족은 동시에 무장해제가 되며 와르르 웃음보가 터졌다. 얼굴 가득 잉크처럼 번지는 미소를 누구도 숨기지 못했다. '아름답다'라니. 도대체 얼마 만에 들어보는 '아름다운' 표현인가. 그날 밤 별처럼 또랑또랑한 아이의 목소리는 아직도 내 가슴 속에 별사탕처럼 박혀 반짝거리고 있다. 지금은 무뚝뚝한 표정으로 "고모 안녕하세요." 꾸벅 인사만 하고 제 방으로 들어가 게임기를 붙드는 초등학생 형님이 됐지만 말이다. 녀석은 기억할까, 한 여름밤 자신이 입 밖으로 내뱉었던 맑고 투명한 언어를.

어른이 된 뒤로 무엇인가를 보고 '아름답다'라고 표현하는 사람을 좀처럼 보지 못한 것 같다. 나 역시 마찬가지다. 왜 나는 그동안 아름답다는 단어를 일상에서 사용하지 않고 문장 속에 가두었을까. 예쁘다, 귀엽다, 멋있다, 짱이다, 대박! 이란 말은 자주 해도 '아름답다'라는 표현은 왠지 문어체적이고 말로 내뱉기에는 낯설어서 쓰지 않았다. 살짝 오글거리는 느낌도 들고 말이다.

보통 말하듯 글을 쓰라는 말을 한다. 글을 쓸 때 유독 어려운 단어를 찾으려고 애쓰는 사람들에게 이해하기 쉬운 단어로 힘 빼고 쓰라는 조언이다. 반면, '글 쓰듯 말하라'라는 말은 아무도 하지 않는다. 생각해볼 문제다.

글을 쓸 때는 같은 단어를 자주 쓰는 것을 피하고 적확한 의미를 담은 단어를 치열하게 고민한다. 아름다운 고유어나 낯선 단어를 발견하면 감탄하고 나중에 써먹을 요량으로 차곡차곡 메모장에 모아뒀다. 그러나 막상 글을 쓰려고 하면 좀처럼 그 단어들이 떠오르지 않았다. 단어를 내 것처럼 자연스럽게 쓰려면 평소 말로도 자주 뱉어야 했다.

종일 사람들과 대화를 나누는데 내용을 들여다보면 늘 비슷비슷한 단어만 반복하고 있다. 다양한 어휘를 활용해서 글을 지으라고 하면서 말은 한정된 언어만 사용한다. 언행불일치가 아닌 '언문불일치'다. 나는 앞으로 '아름답다'라는 표현을 종이 위에만 쓰지 않고 입술로도 발음하려고 한다. '황홀하다' '생경하다' '겸연쩍다' '스산하다'라는 말도 내뱉어본다. 괜스레 멋진 사람이 된 기분이다.

**어른의 문장은,
어휘 사용이 다채롭다.** 99

불편한 주제는
6단계로 대화하기

한 유명 뮤직비디오 감독이 말기 암으로 세상을 떠나기 얼마 전 SNS에 올린 글이 화제가 됐다. 그는 의사에게 '마음의 준비를 하셔야 할 것 같습니다.' '이 병은 낫는 병이 아녜요.' 하는 말을 들었고 싸늘한 말투에 상처를 받았다고 고백했다. 게시글에는 그를 위로하고 응원하는 댓글이 줄지어 달렸다.

종양내과 의사는 바쁠 때 하루에 100명이 넘는 외래진료 환자를 보기도 한단다. 한정된 시간 안에 더 많은 환자를 보고 치료해야 하는 우리나라 의료시스템상 일일이 공감 어린 따뜻한 말을 건네기 어려운 사정도 이해는 간다. 하지만 위중한 병세에 정신이 쇠약해진 환자는 사소한 말에도 큰 충격을 받을 수 있다. 세심한 접근이 필요한 까닭이다. 캐나다 의사인 로버트 부치먼은 암 환자와 조심스럽게 소통하는 방법 '나쁜 소식 전하기 6단계 모델(SPIKES)'을 제안했다.

로버트 부치먼의 SPIKES 모델

1. Setting – 편안한 상담환경 조성

2. Perception – 환자의 인식 정도 파악

3. Invitation – 얼마나 알고 싶어 하는지 파악

4. Knowledge – 정확한 정보 전달

5. Emotion – 공감

6. Strategy and Summary – 계획 수립과 요약

먼저 상담하기 편안한 분위기를 조성한다. 누구에게도 방해받지 않는 환경, 적절한 타이밍을 잡는 것이다. 그다음엔 환자가 어느 정도나 병을 인지하고 있는지 파악한다. 예를 들어, '지난번 검진에서 어떤 결과를 들었느냐?'고 묻는 식이다. 그에 못지않게 '얼마나' 알고 싶어 하는지도 중요하다. 궁금해하는 부분은 확실히 알려주되 불필요한 정보를 굳이 들려줄 필요는 없다. 그 후 정확하고 이해하기 쉽게 정보를 전달하고, 환자의 심정을 깊이 헤아려 공감한다. 마지막으로 앞으로 어떻게 병을 치료할지 함께 계획을 세운다. 참으로 신중하고 사려 깊은 소통방식이다.

의사가 암 환자를 대할 때뿐만 아니라, 일상 속에서 서로가 불편하거나 예민한 이야기를 메시지로 꺼내야 할 때도

'SPIKES'를 거치면 좋겠다는 생각이 들었다. 어른의 문장은 언제나 그렇듯 남을 배려하는 마음을 담아야 하니 말이다. 가령 친구에게 불편한 소식을 전하는 상황에선 이렇게 말하는 거다.

S(상담환경 조성)

OO야, 잘 지내? 지금 대화하기 괜찮아?

→ 오, 오랜만! 너도 잘 지내지? 응 이야기해.

P(상대의 인식 정도 파악)

혹시 인식이 이야기 들었어?

→ 아니? 아무 이야기도 못 들었는데.

I(얼마나 알고 싶어 하는가)

인식이 아버지 편찮으셨던 건 알지?

→ 응. 항암치료하고 좋아지시는 중이라고 들었는데. 무슨 일이라도 있는 거야?

K(정보 전달)

응. 어젯밤에 하늘나라로 가셨대. 인식이가 경황이 없는 거 같아서 내가 연락했어.

→ 아이고, 그랬구나. 너무 갑작스럽네. 곧 회복하실 줄 알았는데.

E(공감)

나도 그런 줄 알았어. 인식이가 아버지 최근에 많이 좋아지셨다고 그랬거든.

→ 그러게. 너무 안타깝네. 인식이가 충격이 컸겠어. 장례식장은 어디야?

S(계획 수립)

OO병원 알지. 퇴근하고 8시쯤 장례식장 앞에서 볼까?

→ 그래. 집에 가서 옷만 갈아입고 갈게. 그때 보자.

업무 담당 변경과 지연을 알려야 하는 상황이라면 어떨까? 이렇게 말하면 원활한 소통이 되지 않을까?

S(상담환경 조성)

OO님, 김 팀장입니다. 혹시 대화 괜찮으세요?

→ 괜찮아요. 지금 휴게실에서 커피 한잔하려는 차예요.

P(상대의 인식 정도 파악)

A프로젝트 담당이 박 대리로 바뀐 것 전달받으셨나요?

→ 그래요? 아직 전달 못 받았는데요.

I(얼마나 알고 싶어하나)

갑자기 새 프로젝트가 하나 더 생기면서 담당자가 바뀌었거든요. 박 대리에게 따로 연락을 드리라고 할까요?

→ 아니요, 그럴 필요는 없고요. 세부 계획이 나오면 그때 새 담당자님이 알려주셔도 될 거 같아요. 제가 아는 분인가요?

K(정보 전달)

네 지난 미팅에서 뵀던 이 대리님요. 세부 계획은 다음 주 목요일에 나올 거 같습니다.

→ 그렇군요. 예정일보다 조금 미뤄졌네요?

E(공감)

의뢰한 실험 결과가 생각보다 오래 걸리네요. 동시에 여러 건 진행하시느라 바쁘실텐데 도움 드리지 못해서 죄송하네요.

→ 바쁜 건 모두 마찬가지죠. 실험이 마음대로 되는 것도 아니고요. 괜찮습니다.

S(계획 수립)

세부 계획은 마감에 맞춰 보내라고 다시 일러둘게요.

→ 네. 늘 배려해주셔서 감사해요. :)

업무담당자가 바뀌었고, 약속 기한을 넘길 거 같다는 불편한 이야기를 하는 상황에서 다짜고짜 "세부 계획안은 목요일에 될 거 같아요. 이 대리가 연락드릴 거예요."라고 했다면 이처럼 온화하게 대화를 마무리 짓기는 힘들었을 것이다. 상대방은 갑작스러운 폭격을 맞은 것처럼 얼떨떨하고 "이 대리요? 담당은 박 대리 아닌가요?" "마감 날짜는 왜 늦어졌죠?" 무엇부터 물어야 할지 당혹스러울 것이다.

물론 긴급한 상황이라면 이야기는 달라진다. 빨리 상황을 알리고 문제를 해결해야 한다면 대화 목적부터 알리는 게 맞다. 그런 상황이 아니라면 불편한 이야기를 꺼낼 때는 단계를 두고 접근하는 게 좋다. 두 가지를 막을 수 있다. 의도치 않게 상대방의 기분을 상하게 만드는 일, 재차 설명해야 하는 일.

어른의 문장은,
불편한 이야기를 세심하게 전달한다. 99

'생각 안 나' 대신
끝까지 찾아내기

"계좌가 녹아내리고 있어."

연거푸 최저가 경신 알림이 울리는 주식 계좌, 새파랗게 질린 그래프를 보며 친구가 울상을 지었다. 그야말로 울고 싶던 나는, 내가 할 소리를 대신하는 그에게 동병상련을 느끼며 한마디 보태려 했다.

"처음 주식이란 걸 시작했을 때만 해도 장이 참 좋았는데. 온통 빨간색, 우리 같은 개미들에게는 그야말로…" 나는 말문이 막혔다. 울컥해서가 아니다. 말하고 싶은 단어가 있는데 모기처럼 머리에 앵앵거리기만 하고 정확히 떠오르지 않는 것이다. 가려운 부분을 정확히 찾지 못해 하염없이 등을 더듬는 사람처럼 갑갑했다.

"그걸 뭐라고 하지, 모든 게 좋은 시기를 이르는…"

"호황?"

"아니, 아니."

"화양연화?"

"아니, 모든 게 더할 나위 없이 좋다, 뭐 그런 뜻인데 '뭐 뭐'가 따로 없다! 하는 말 있잖아."

"태평성대?"

꽉 막힌 하수구가 뻥 뚫리듯 가슴속 체증이 시원하게 내려갔다.

노래 제목이나 사람 이름, 장소가 기억나지 않아 애가 탄 경험 누구나 한 번쯤 있을 것이다. 어제 먹었던 점심 메뉴를 떠올려보자. 기억이 난다고? 그렇다면 그저께는? 아마도 특별한 이벤트가 있던 게 아니라면 대부분 쉽게 떠오르지 않을 것이다. 기억이란 녀석은 틈만 나면 짐 싸 들고 도망칠 궁리를 한다.

반면, 이상하게 자려고 누우면 머릿속이 말똥말똥해진다. 아이디어가 벼룩처럼 톡톡 튀어 오른다. 샤워할 때도 마찬가지다. 영감을 받아적기 얄궂은 순간에 생각의 조각이 머리를 스친다. 꼭 해야 할 일, 담아두어야 할 문장들이 '나 잡아봐라'하고 춤을 춘다. 다행스럽게도(?) 화장실을 갈 때도, 잠들기 전에도 늘 곁에 있는 스마트폰이 뇌용량을 보충해준다.

디지털에 더 익숙하지만 부러 손으로 끼적일 때도 있다. 좋은 글귀를 따라 쓸 때, To-do 리스트를 작성할 때 그렇다.

몸 밖으로 쏟아내야 할 때는 키보드를 두드리고, 머리와 가슴에 새겨야 할 때는 손글씨를 눌러쓴다. 캘리포니아 도미니칸 대학 심리학 교수인 게일 매튜스Gail Matthews박사가 진행한 실험에 따르면, 목표를 손으로 쓰는 사람이 그렇지 않은 사람보다 목표를 이룰 가능성이 42% 높았다고 한다. 키보드로 글씨를 쓰면 여덟 손가락만 움직이지만 연필로 쓰면 최대 1만 가지 움직임을 사용한다고 한다. 기억과 감각기관 사이에 여러 맥락을 만들어둘수록 보존과 실행에 유리한 것이다.

떠오를 듯 말 듯 애태우는 기억을 나는 고이 보내지 않으려고 한다. 악착같이 매달려서 끈질기게 꺼내고야 만다. 메모가 귀찮은 상황에서도 어떠한 생각이 머무르면 반드시 수첩이든 스마트폰이든 꺼내서 기록한다. 둥둥 떠다니다가 휘발하는 생각을 기록 형태로 꼭 붙잡아두는 일을 게을리하지 않는다.

포기는 상습이다. 한 번 포기해 버릇하면 다음 포기는 더 쉽다. 점점 '포기형 인간'으로 진화한다. 대충 넘어가면 '대충 인간'이 된다. 어른의 문장은 포기와 대충형 인간이 쓸 수 없는 종류의 고급 기술이다.

어른의 문장은,　　　　　　　　　　　　　**99**
어렴풋한 기억을 끝까지 추적한다.

이십 대 중반, 부푼 가슴으로 이제 막 방송 제작사에 입사했을 때였다. 나는 작가 팀에서 막내인 취재작가였는데 피디 팀에서 막내인 조연출과 함께 예고 영상 만드는 일을 하고 있었다. 30초 남짓, 짧은 하이라이트 영상을 한컷 한컷 공들여 편집하는 조연출과 옆에서 머리를 쥐어짜며 자막을 고민하던 나. 선배 피디는 그런 우리를 보고 황당한 표정으로 말했다.

"너네 지금 예술하니?"

얼굴에 찬물 한 바가지를 얻어맞은 듯 얼떨떨했다. 비아냥 섞인 표현에 머쓱했지만 일 끝내는 게 급선무였다. 선배 역시 '바빠 죽겠는데 빨리빨리 좀 하라'는 뜻이었을 것이다. 시간에 쫓겨 사는 방송쟁이에게 영상의 질보다는 완성이 중요하니까.

시간이 지날수록 그 의미를 곱씹게 됐다. 방송 글을 쓰던 초반에는 잠깐 내가 '예술'을 한다고 믿었던 것 같다. 일종의 창작 행위이니 말이다. 지금은 방송 영상과 글은 예술과는 거리가 멀다는 생각이 지배적이다. 방송 글은 예술이라기보다는 쓰면 쓸수록 느는 기술에 가깝고, 시청자와의 원활한 소통을 꿈꾸는 '어른의 문장'이다.

　예술이라고 하면 흔히 돈과는 거리가 먼 단어 같은데 실은 그렇지 않다. 물질적 토대가 부실하면 창작자는 생계를 먼저 해결해야 하니 안정적으로 창작하기 힘들기 때문이다. 형편이 넉넉하지 못하면 예술을 향유하는 사람 역시 줄어들 수밖에 없다. 결국 예술가들이 궁핍해지는 악순환을 겪게 된다. 예술문화에 꽃을 피운 르네상스 시대에 활동하던 레오나르도 다빈치, 미켈란젤로, 라파엘로도 메디치 가문의 든든한 후원을 받아 길이 남는 걸작을 탄생시켰다.

　어쩌면 예술은 사치다. 먹고 사는 문제, 생존과는 무관하고 우선 그것이 충족된 후에나 누릴 수 있으니 말이다.

　그럼에도 예술은 인간의 삶을 풍요롭게 한다. '사람이 어떻게 밥만 먹고 사니?'라고 말하는 우리는 대부분 예술의 가치와 필요성을 인정한다. 문학작품 속 아름다운 묘사에 가슴이 먹먹해지고 뮤지컬에 너무 몰입한 나머지 자신도 모르는 새 흘러내린 눈물을 훔치기도 한다. 잘 짜인 글과 멜로디, 형상이 사람들을 매혹한다. 누구나 한 번 사는 인생이 '예술적'이길 소원한다.

　방송 글과 마찬가지로, 어른의 문장은 예술과는 거리가

멀다. 오히려 기본 중의 기본, 생존에 필요한 문장이다. 아름답지 않아도 된다. 명쾌하게 소통하면 그 몫을 달성한다. 내 머릿속 생각을 타인의 머릿속에 온전하게 옮기는 것이 목적이다. 그런데 이것이 되지 않으면 예술로 나아갈 수 없다. 물질적 토대가 예술문화를 부흥시키듯, 정갈하고 성숙한 문장이 받쳐주어야 '기본 욕구' 이상의 것을 창조할 수 있다.

인생이 예술이 되려면 '어른의 문장'이라는 소통 안전성이 먼저 확보되어야 한다. 어른의 문장은 삶이 예술로 이어지는 길목 어딘가에 있다.

어른의 문장력

초판 발행 · 2022년 11월 10일
4쇄 발행 · 2023년 4월 28일

지은이 · 김선영(글밥)
발행인 · 이종원
발행처 · (주) 도서출판 길벗
브랜드 · 더퀘스트
주소 · 서울시 마포구 월드컵로 10길 56 (서교동)
대표전화 · 02) 332-0931 | **팩스** · 02) 322-0586
출판사 등록일 · 1990년 12월 24일
홈페이지 · www.gilbut.co.kr | **이메일** · gilbut@gilbut.co.kr

기획 및 편집 · 허윤정(rosebud@gilbut.co.kr) | **제작** · 이준호, 손일순, 이진혁
마케팅 · 한준희, 김선영, 이지현, 류효정 | **영업관리** · 김명자 | **독자지원** · 윤정아

디자인 · studio forb | **CTP 출력 및 인쇄** · 북솔루션 | **제본** · 북솔루션

ISBN 979-11-407-0152-0 03190
(길벗 도서번호 040190)

정가 16,000원

독자의 1초까지 아껴주는 길벗출판사

(주)도서출판 길벗 | IT교육서, IT단행본, 경제경영서, 어학&실용서, 인문교양서, 자녀교육서 www.gilbut.co.kr
길벗스쿨 | 국어학습, 수학학습, 어린이교양, 주니어 어학학습, 학습단행본 www.gilbutschool.co.kr